【诸子如是说】系列

一本职场与中小学生国学教育的普及读物

庄子原来这样说

姜正成◎编著

中国华侨出版社

图书在版编目（CIP）数据

庄子原来这样说/姜正成 编著. —北京：中国华侨出版社，2012.5（2021.2重印）

ISBN 978-7-5113-2261-6

Ⅰ.①庄…　Ⅱ.①姜…　Ⅲ.①道家 ②庄子-研究　Ⅳ.①B223.55

中国版本图书馆 CIP 数据核字（2012）第 051574 号

● 庄子原来这样说

编　　著	姜正成
责任编辑	崔卓力
责任校对	志　刚
版式设计	丽泰图文设计工作室／桃子
经　　销	全国新华书店
开　　本	710×1000 毫米　1/16 开　印张/16　字数/218 千字
印　　刷	三河市嵩川印刷有限公司
版　　次	2012 年 6 月第 1 版　2021 年 2 月第 2 次印刷
书　　号	ISBN 978-7-5113-2261-6
定　　价	42.00 元

中国华侨出版社　北京市朝阳区静安里 26 号通成达大厦 3 层　邮编:100028
法律顾问:陈鹰律师事务所
编辑部：(010) 64443056　64443979
发行部：(010) 64443051　传真：(010) 64439708
网　　址：www.oveaschin.com
E-mail：oveaschin@sina.com

前 言

庄子是先秦诸子百家中极为重要的一个人物，他延续了老子的思想，使道家思想的发展更趋于完善和广阔。

庄子，原名庄周，字子休（一说子沐），战国时代宋国蒙人，生卒年约为公元前368年至公元前288年。庄子曾经短期为官，担任蒙的漆园吏。中年以后，他的生活极为贫困，"住在穷街陋巷，困窘地织鞋为生，饿得面黄肌瘦"。楚威王听说他是个人才，以高官厚禄聘请他，然而，对庄子而言，世间的荣华富贵"有如鸟雀、蚊虻"，实在不是一件有趣的事，他宁愿"曳尾行于泥淖之中"。

庄子能言善辩，那些充满睿智的思辨，常常令我们为之惊叹。庄子的文章，想象力很强，文笔变化多端，具有浓厚的浪漫主义色彩，富有幽默讽刺的意味，对后世文学语言有很大影响。庄子和他的门人以及后世学者著有《庄子》（被道教奉为《南华经》），是道家经典之一。

《汉书·艺文志》著录《庄子》五十二篇，但留传下来的只有三十三篇。其中内篇七篇，一般定为庄子著；外篇、杂篇可能掺杂有他的门人和后来道家人物的作品。

金圣叹批六才子书，第一个就是《南华经》庄子，这样的一个人，嬉笑怒骂，可以说上穷碧落下黄泉，骂尽天下英雄。但是其实他的内心并不激烈，而是勘破了生死，超越了一切，看透了这世间的一切一切。

庄子一生追求逍遥境界，那究竟是怎样的一种人生状态呢？

庄子的思想繁杂庞大，不仅仅是关于人生哲学的思想，更是关于人生境界的思想。他的这些思想，能让我们与自己对话，与精神对话，发现自己，实现自己。

自古人生多圣贤，庄子绝对是其中最特立独行的一位。我们不必像他一样嬉笑怒骂，不必像他一样看破红尘，而是在他的思想基础上，更好地面对我们自己，面对这个世界。

《庄子》一书揭示了表相下的人性事理，给人们开启了一道认识自己、认识他人和认识社会与自然的大门。本书对庄子的学说进行筛选解析，分别从立身、立世、快乐、人生等几个方面细细研读，以期与圣人一起同思同行。读懂庄子，你就会发现，这世间的烦恼不过尔尔。

第一章 大知闲闲，小知间间
——庄子原来这样说立身之道

庄子认为无论外物、内物，还是荣与辱，都是身外之物。不要被外在的事物动摇自己，应保有一颗自然的心。无论面对何种事，都应敞开心扉，把过度快乐与愤怒放之于外，不要压抑自己，保持平常心态。

- 用平常心态看得失 ………………………………………… 003
- 用平常心享受非常事 ……………………………………… 006
- 打开心灵之锁，快乐生活 ………………………………… 010
- 凡事要想得开 ……………………………………………… 014
- 雾里看花，荣辱皆云烟 …………………………………… 016
- 难得平常心 ………………………………………………… 018
- 淡泊明志，宁静致远 ……………………………………… 020
- 以平常心面对"好"与"坏" …………………………… 024
- 做拥有平凡心态的快乐人 ………………………………… 026

第二章 水之积也不厚，则其负大舟也无力
——庄子原来这样说成事之道

庄子认为人活于世应视时机而动，顺利时就可顺其发展，不顺利时，要静心等待，要懂圆通之道，不可强求。退一步海阔天空，退是为了更好地进，适时无为，是为了更好地有为，聪明的人善于将"有为"与"无为"合用，是为了收获最好的"达"。

适时无为，实则有为	033
只有行动才算数	038
无为而为，顺应自然	044
退一步路更宽	047
敢于正视自己的不足	049
舍小我成就大我	051
在拥有中学会放弃	053
在机遇面前要敢于取舍	056
转个"弯"做事	059
低头是为了更好地抬头	061
放弃也是一种洒脱	064
适时放手，重获机遇	066

第三章 天地与我并生，而万物与我为一
——庄子原来这样说自我认知

庄子认为，人应清楚地认识自己，才能在生活中游刃有余。每一个人都很难认清自我，所以面对外来的种种评价，往往对自己会产生怀疑，失掉自我本性，随波逐流，将真我埋没，人都是独一无二的，没有谁可以代替谁，关键是你是否保持了自我。

识人先识己 ·················· 073
人生畅行无阻的境界 ·········· 076
认清自我价值 ················ 079
做人要做自己 ················ 084
不要让旁人的话迷失自己 ······ 087
走自己的路，让他人说去 ······ 090
命运掌握在自己手中 ·········· 092
打造属于自己的品牌 ·········· 094
不要让生活之舟偏离你的航线 ·· 096
演好属于自己的角色 ·········· 099
肯定自我，秉持本色 ·········· 102

第四章 天地无为也而无不为也，人也孰能得无为
——庄子原来这样说快乐之道

庄子认为人的生活是否快乐，完全取决于个人对人、事、物的看法。蝉和斑鸠对大鹏的高飞不以为然，它们在自己的世界里寻找着快乐。当然，逍遥快乐不是让你无事可做，而是让你的心处于一种自由快乐的状态，忘掉那些所谓的世俗的烦恼，树立信心，做一个随风逍遥的人。

心性旷达，不被世俗左右 ······ 107
唯有知足才能常乐 ············ 110
快乐是一种自我感觉 ·········· 113
生活在快乐之中 ·············· 116
人生不必强力苛求大多 ········ 120
独处中的快乐 ················ 122
顺应自然，活得快乐潇洒 ······ 125

去除身上额外负担 …………………………………… 128
别跟自己过不去 ……………………………………… 131

第五章 至人无己，神人无功，圣人无名
——庄子原来这样说生活态度

庄子认为一个人不应该只从一个角度去看待身边的事物，应从多角度去考虑问题，这样的人生才不会悲哀。在现实生活中，面对生活的超重，我们应该学会重新面对自己，在以往成功的经验上得到升华，使自己面对强大的生活压力游刃有余。

不要被超重的生活所累 ………………………………… 135
不要被虚名左右 ……………………………………… 139
人生短暂，不要错过 ………………………………… 142
不要被名利蒙住眼 …………………………………… 147
不要让嫉妒抹去快乐 ………………………………… 152
走出心灵的樊笼 ……………………………………… 155
学会享受此时此刻 …………………………………… 159
抓住人生的关键所在 ………………………………… 162
欲望太重心难静 ……………………………………… 165
"适应"是生存的必然要求 …………………………… 167
放得下的快乐 ………………………………………… 170
用心感受你的人生 …………………………………… 175
简单快乐的生活 ……………………………………… 179

第六章 君子之交淡若水，小人之交甘若醴
——庄子原来这样说君子之交

太甜太近的朋友，发现其人品不如意，趣味不相投，也是悲哀，所以相亲不如远观，分开了，是更好。真正的朋友，不在乎平时多么亲密，多么无间，而在于危难之际，是否还能如一地站在你身边。真正的友谊像淡淡的茶香，有清香就够，不需多浓，却已是无尽回味。

这才是真正的友谊 …………………………………… 185
让你的反对者有说话的机会 ……………………… 191
要赢得人心，先尊重别人 ………………………… 199
精诚所至，金石为开 ……………………………… 203
交往避"雷区"，不要戳人痛处 ………………… 209
朋友之间贵在真诚 ………………………………… 213

第七章 道行之而成，物谓之而然
——庄子原来这样说突破困境

懂得生活就会知道生活的艰辛，不是有了梦想就可以成功，只有付出行动，勤于积累，才能实现。只有积水深的地方，才能浮起大船。人若想成功，也需要付出很多的努力，成功需要勇气，也需要不断地积累，不积跬步，无以至千里。

名声来自踏实做事 ………………………………… 219
凡事要看到积极的一面 …………………………… 222
做自己时间的主人 ………………………………… 228

成功需要不懈努力 …………………………………… 232
成功需要走好每一步 …………………………………… 234
稳扎稳打才能稳操胜算 ………………………………… 236
坚强的毅力助你走向成功 ……………………………… 238
小不忍则乱大谋 ………………………………………… 244

第一章 大知闲闲，小知间间
——庄子原来这样说立身之道

庄子认为无论外物、内物，还是荣与辱，都是身外之物。不要被外在的事物动摇自己，应保有一颗自然的心。无论面对何种事，都应敞开心扉，把过度快乐与愤怒放之于外，不要压抑自己，保持平常心态。

第一章 大知闲闲，小知间间
——庄子原来这样说立身之道

用平常心态看得失

【原典】

是亦彼也，彼亦是也，彼亦一是非，此亦一是非。

【古句新解】

事物的这一面也就是事物的那一面，事物的那一面也就是事物的这一面，事物的那一面有它的是与非，事物的这一面同样也有它的是与非。

自我品评

庄子认为任何事物都有两面性，好与坏、是与非，不一而定。潮起潮落，人生起伏，人都有过得志和失意的时候。所谓"得意不要忘形，失意不要失志"，就是一种泰山崩于前而面不改色心不跳的神态。只不过是，这种境界谁又能做得到呢？

人们好在别人面前显示自己的聪明，害怕出丑。实际生活并非如此，聪明的人有时简直就像一个大傻瓜，他们当众出丑，却若无其事，他们被人嘲笑却会不以为然。

然而，他们就这样聪明起来。有人网球打得不好，所以老是害怕打输，不敢与人对垒，至今他的网球技术仍然很糟糕。而有的人网球打得很差，但他不怕被人打下场，越是输越打，后来成了令人羡慕的网球手，成了网球队队员。

聪明令人羡慕，出丑往往让人感到难堪。但是聪明来自丑中练，做人不敢出丑，就不会聪明。

生活中值得赞赏的是那些勇敢地去干他们想干的事的人，即使在众人面前出了丑，还是洒脱地说："哦，这没什么！"就是这么一类人，他们还没学会反手球和正手球，就勇敢地走上网球场；他们还没学会基本舞步，就走下舞池寻找舞伴；他们甚至没有学会屈膝或控制滑板，就站上了滑道。

伊米莉，只会说一点点法语，却毅然飞往法国去做一次生意旅行。虽然巴黎人对不会讲法语的人很看不起，但她坚持在展览馆、在咖啡店、在爱丽榭宫用英语与每个人交谈。她不怕结结巴巴、不怕语塞傻笑出丑吗？一点也不。因为伊米莉发现，当法国人对她使用的虚拟语气大为震惊之状过去后，许多人都热情地向她伸出手来，为她的"生活之乐"所感染，从她对生活的努力态度中得到极大的乐趣。他们为伊米莉喝彩，为所有有勇气干一切事情而不怕出丑的人欢呼。这类人还包括那些学习对他们来说并不容易，而坚持学习新东西的人。

生活中很多人都不愿成为初学者，总是拒绝学习新东西。因为害怕"出丑"，宁愿错过自己的机会，限制自己的乐趣，禁锢自己的生活。

"过而不改，斯谓过矣。"意思是说：犯了一回错不算什么，错了不知悔改，才算真的错了。

人都不是完美的，没有人会不犯错误，有时还错上加错，既然错误是不可避免的，那么可怕的并不是错误本身，而是知错而不肯改，错了也不悔过。

面对错误要有足够的勇气去承认它、面对它，不仅能弥补错误所带来的不良后果，在今后的生活中更加主动活跃，而且能加深他人对自己的良好印象，从而很痛快地原谅其错误。这不但不是"失"，反而是最大的"得"。

第一章 大知闲闲，小知间间
——庄子原来这样说立身之道

事实上，勇于承认错误的人，同时可以获得某种程度的满足感，这不仅可以消除罪恶感和自我保护的气氛，而且有助于解决这项错误所制造的问题。戴尔·卡耐基告诉我们，即使傻瓜也会为自己的错误辩护，但能承认自己错误的人，就会获得他人的尊重，而且令人有一种高贵诚信的感觉。

喜欢听赞美话是每个人的天性。对别人的批评，大多数人都会感到不舒服，有些人更会拂袖而去，连表面的礼貌也不会做，常常令提意见的人尴尬万分。下一次就算你犯更大的错误，相信也没有人敢劝告你了，其实这是做人的一大损失。

面对自己的过错与其找借口逃避责难，不如勇于承认，在别人没有机会把你的错到处宣扬之前，对自己的行为负起一切的责任。

如果你在工作中出错，要立即向领导汇报自己的失误，这样也许会被大骂一顿。可是上司的心中却会认为你是一个诚实的人，将来也许对你更加倚重，你所得到的可能比你失去的还多。

如果你所犯的错误可能会影响到其他同事的工作成绩或进度时，无论同事是否已发现这些不利影响，都要赶在同事找你"兴师问罪"之前主动向他道歉、解释。千万不要企图自我辩护，推卸责任，否则只会火上浇油，令对方更感愤怒。

每个人都会犯错误，尤其是当你精神不佳、工作过重、承受太沉重的生活压力时。偶尔不小心犯错是很普通的事情，关键是犯错后要用正确的态度对待它。犯错误不算什么罪大难饶的事，"有则改之，无则加勉"，只要你用平常心态看待，不固守所谓的自尊，就能坦诚地面对自己、面对别人。

的确，若要改变一下自己的生活位置，我们总要冒出丑的风险。不要担心出丑，否则，你会受到困于静止的生活而又时时渴望变化的愿望的痛苦煎熬。相对的，害怕出丑，也会因失去许多生活机会而长久感到后悔，"一个从不出丑的人并不是一个他自己想象的聪明人"。做一个不怕"出丑"的聪明人，你会更加聪明。

用平常心享受非常事

【原典】

故不为轩冕肆志，不为穷约趋俗，其乐彼与此同，故无忧而已矣。

【古句新解】

所以不要为荣华高位而恣意放纵心志，不要因穷困窘迫而趋附世俗，身处荣华富贵与穷困窘迫的快乐相同，所以没有忧虑。

自我品评

庄子认为无论世人处于什么地位，不论是荣华高位抑或穷困潦倒都应有自己的快乐。用平常心去面对人生的风云变幻。

一个人做事总有一定目的，即使他没有在意，因为没有目的本身也是一种目的。只不过目的都与人的喜好相联系，那种违背自己意愿的目的少之又少。

围棋中有一术语：平常心。所谓平常心，指的是无论面对什么样的比赛，都应该以平日下棋的心情去对待，这样就能下好。反之，过于兴奋，高度紧张，把一盘棋看得过重，以至于心理失衡，结果总是事与愿违，该赢的棋，也会输掉。

棋理与人生的道理是相通的。面对荣誉，我们也应该保持一颗

第一章 大知闲闲，小知间间
——庄子原来这样说立身之道

"平常心"，用平常心态来享受那份荣耀。

山西"山药蛋派"作家赵树理的《老杨同志》塑造了一个平易近人，深入实际了解群众，与群众同甘共苦，敢于同恶势力作斗争的区干部老杨的形象。老杨在农民心中可算是一个"大官"，他之所以能受到欢迎，就是缘于他那颗融于群众一体的"平常心"。

学贯中西、闻名四海的大学者钱钟书，从来都是拒绝报刊电台等新闻媒介的采访。一位外国记者到中国来想采访他，钱钟书拒绝说："你知道有只鸡蛋好吃就行了，何必非要见一见那只下蛋的母鸡呢？"

不以名累，宠辱不惊，安之若素，永远保持着常人的本色，这是一类名人的活法，是他们对待名利和荣誉的一种态度。

无论你有无名望，你还是你。始终保持朴素纯洁的做人的本色，实实在在真真切切从从容容走你的人生之路，这该是多么轻松惬意！

保持平常心是人生一种境界。它不是消极地让人不思进取，无所作为，不是宣扬万物皆空劝人遁世，而是希望人拥有"平常心"，能充分调动发挥生命的潜质，使生命更加灿烂地放射出原有的光华。

有人说："能够从事自己喜欢的工作，就是简单和快乐的人。"那么，烦恼和疲劳即无隙可乘。再者，当涌出兴味时也会产生工作意愿。就如陪着一个讨厌的人散步1公里，一定比与热恋情侣散步10公里更感疲倦。

如果是从事兴致高趣味浓的工作时，疲倦感就会很少。杰克在最近就有过这样的体验。前不久，他到路易斯湖畔的洛基山脉度假数天，沿着柯拉尔·库里克一路垂钓，途中，有时需穿过高可及人的草原，有的地方树木横陈，走起来有如练桩一般，还数度被树根绊倒，如此共走了8个小时，但他一点也不觉疲倦。原因何在？

因为杰克钓到了6尾大鳟鱼，使他有莫大的成就感，心情一直激奋不已。相反的，如若对钓鱼丝毫不感兴趣，也许杰克早就回家了。

哥伦比亚大学心理学教授桑代克博士对疲劳问题进行过一种实验。他以几个青年为对象，用各种方法引发他们的兴趣，使他们约一周皆未上床睡觉。因此,他在结论中指出:"厌倦乃是工作效率减低的唯一原因。"

由此可见,我们的疲劳大多非因工作所产生,而是由于烦恼、挫折、懊悔。如果发生上面的情况,那该怎么办?或许这一个速记员的实例能给你带来启发:她在奥克拉荷马石油公司服务,每天必须在一大堆的借贷契约书上填写一些数字并加以统计,工作性质极其单调,使她颇感厌倦。为自我调节起见,她决心设法使它趣味化——每天跟自己竞争。当结束上午的工作时,她就统计一下所做成的数量,当天下午即以超过上午的成绩为目标。然后,再统计出全天的工作量,第二天则以超过前一天为目标而努力。结果,她的工作绩效名列全组第一。这给她带来什么好处呢?嘉奖?感谢?升迁?加薪?都没有。然而,她从此不再对工作感到疲劳厌烦了。那是因为具有目标的努力,给予她一种精神刺激,使她涌出更大的活力和热忱,此后也让她能够享受更多闲暇。

在工作中,我们有时会被繁杂的事务弄得焦头烂额,甚至想到放弃,但由于生活所迫,我们必须面对现实,此时的我们不如换一种心态,或许你会发现自己也能做出非常之事。

有一个名叫哈朗·A·哈瓦德的贫穷少年,决心强迫自己一定要"敬业乐业",从而使他的人生完全改观。他在一家高级的餐厅打工,工作卑微而繁琐,当其他少年兴高采烈玩棒球或与女生打情骂俏时,他却正在洗碗盘、擦桌椅,或舀冰淇淋给客人。哈瓦德很轻蔑自己的工作,然因家境所逼,又无法放弃这份工作。于是他决心研究有关冰淇淋的种种问题。诸如制造过程如何、使用何种材料、为何味道上有好坏之别等等。由于长期沉浸于冰淇淋问题的研究,使他成为高中化学课程的博学家。接着,他又转向对营养化学的研究,考进马萨诸塞州立大学,专攻食品化学。其后,纽约的可可贸易中心,曾以大学生为对象举办一项征文活动,题目为有关可可和巧克力的利用问题,哈瓦德的文章入选,获得奖金100美元。

第一章 大知闲闲，小知间间
——庄子原来这样说立身之道

哈瓦德毕业后由于没有适当的工作，便在自家住宅的地下室设立一个私人实验室。不久，麻省议会通过一条新法律：牛乳产品中必须标示它的活性菌数。哈瓦德恰为此行专家，他的故乡亚马斯特的14家牛奶公司纷纷聘请他担任该项工作——计算活性菌数。因工作应接不暇，使他必须聘用两个助手。

其后25年来，他仍坚守营养化学的工作岗位，而当年许多从事该行业的同事，有的已亡故，有的则改就他业，唯独他25年如一日，一直未减其研究的热忱和创意。并不断提携青年学子，而成为此业的指导者，其盛名始终屹立不倒。而当年被他所羡慕的那一群同学，如今有许多人正在失业中，他们落魄潦倒，只剩下对政府咒骂和自叹时运不济。我们可以想象，如果哈瓦德没有化厌烦为乐趣这一念之间的改变，机会也许就不会降临到他的身上。

工作中，你的老板也希望你对工作发生兴趣，因为工作效率提高，就是增加他的利润。老板如何盘算我们姑且不管，最重要的是，你对工作发生兴趣，你的人生幸福也许可以倍增。因为在你清醒的时间中约近一半都耗费在工作上，如果你不能在工作中找到乐趣，那么，你在任何地方恐怕也很难发现快乐、幸福了。从长远的眼光来看，对工作发生兴趣，除可消除烦恼外，与加薪或升迁亦有密切关系，即使未达到那些效果，也可将疲劳减到最低程度，使你能够享受余暇时间。

生活中不如学会"岩松无心，风来而吟"。以不变应万变，对于名利荣誉这些身外之物，又何必常挂于身，享受自然之风，快乐生活如浴春风。

打开心灵之锁，快乐生活

【原典】

人大喜邪，毗于阳；大怒邪，毗于阴。

【古句新解】

人过度欢欣，定会伤害阳气；过度愤怒，定会伤害阴气。

自我品评

庄子认为，人不能过度处于欢欣或愤怒之中，否则会伤害人的身体。

世界不是独个存在的，它是一个整体，因而人处于这样的环境之下，免不了交流，相互交流的过程就会使人的心态发生变化，有时会产生自闭心理。

有一位读高一的女生，青春期来的时候，她慢慢地产生了摆脱父母的心理，开始有自己的书房和小书桌，每天偷偷地写日记，藏在抽屉中，不让妈妈看。她希望用自己的内心去体验世界，可是面对纷繁的现实世界，繁杂的人际关系以及沉重的学习压力，又感到一种内心的不安全感。于是，她开始变得孤僻，害怕人际交往，在内心产生一种莫名其妙的封闭心理。有时，一个人跑到小河边望着宁静的河水流

第一章 大知闲闲，小知间间
——庄子原来这样说立身之道

泪，顾影自怜。她渴望与同学进行交往，羡慕其他同学快快乐乐，无忧无虑地参加集体活动，可她却又害怕主动与别人交往，还抱怨别人对她不理解、不接纳。自我封闭会使自己不愿与人交流，不敢踏入新的交际圈子，长此下去会发展成为一种严重的心理疾病。自我封闭这种心态，产生原因有以下几个方面。

1. 过分自尊的心理。世界著名心理学家马斯洛的自我实现心理学，提出了人的自尊需要。其实，每个人都希望自己得到公众的尊重和喜欢，但是这种自尊的需要仅仅是自己本人的一种希冀，能否在事实上得到，则取决于公众对自己言行举止的评价和肯定。如果说将自尊的需要作为一种行动去指导自己的行为，这本没有理论上的错误。问题是这种自尊心理不能过度。一个人在社交中如果让自尊心理占据指导和支配地位，就会对人们会怎么看待自己非常在意，甚至有时会因为过分自尊心理之故，而不愿与比自己强的人交往，担心相比之下，会掉自己的"价"，失去尊重。如此思来想去，就会把自己封闭起来，不与外界往来，慢慢地就会脱离社会，行为孤僻。

2. 自卑情绪。自卑是人们对自己虚设的一种自我否定，也就是说"自己瞧不起自己"，缺乏自信和自强。这种心理一般表现为害怕失败，或者说不能正确对待失败。下面有十种类型的自卑情绪，如果你符合其中的一种或两种以上，就得小心了：

（1）为了追求超过限度的愿望而心焦气躁。

（2）由于企求赞赏的愿望太迫切，不时形之于言表。如未如愿，反过来责备别人。

（3）产生自己是十全十美的错觉，因而自以为能够产生本身产生不了的力量。

（4）企盼做出超出能力的事，由于达成无望，因而经常消极地嘲笑自己。

（5）曾经在竞争上输给别人，却一直难以忘怀。

（6）被别人的成功所压倒，叹息"鸿运"没有降临到自己头上。

（7）没有测量自己的尺度，总是以别人的尺度测量自己。

（8）逢人便说："我的工作条件不好怎能成功？"借此逃避自己的责任。

（9）经常担心被别人看穿了自己的烦恼，因此与人接触总是戒意在先。

（10）不敢面对缺乏能力的自己——刻意逃避自己，事实证明，有自卑感的人，总是畏畏缩缩，社交时自然"不战自败"。

3. 由于受羞怯心理的影响，怕羞者常害怕别人对自己否定，他们总是把别人看做是自己的法官，这样一来，跟其他人在一起就会感到不自在。特别是和名人或水平比自己高的人交往，这种"不自在"好比芒刺在背，久而久之就会把自己封闭起来，不与他人往来。

4. 由于愚昧无知所致。西方一位心理学家指出："愚昧是产生惧怕的源泉，知识是医治惧怕的良药。"例如大家正在谈论某一个话题，如果一个人对此类问题毫无所知，在这种社交场合下，他若是不介入谈论，就等于明白地告诉他人自己是无知于此道；若是介入谈论，便会由于无知而害怕"难堪"，这种进退维谷的局面，便会使他封闭自我，不参与社交，孤立于一隅。

只有克服这种自我封闭的消极心态，正确认识自己，勇敢地走入社会，与他人进行交流，做事才会成功。克服自我封闭心态的方法有：

（1）要有社交成功的愿望。只要你想进入大家的圈子，想成为社交的一员，想受到大家的欢迎，想有许多朋友，你就会努力去适应社交，调动你的一切智慧去掌握社交的技能，与社会融为一体。

（2）要敢于表现自己的长处。每个人都有自己的长处，需要你在交往中去展现，不断地显示自己的长处，你就会吸引别人的注意，你就会找到自己的志同道合者。只要你有自信，你就会使自己的长处得到充分的发挥。

（3）在别人面前勇于承认自己的缺陷与不足，不但不会丢脸，反而会赢得别人的尊敬。每个人都有自己的短处，承认自己的缺陷和不

第一章 大知闲闲，小知间间
——庄子原来这样说立身之道

足，不要怕他人的眼光，因为"头上的烂疮疤盖是盖不住的"，只有承认它的存在，才有改正的可能。也只有敢于承认自己的不足大家才会认为你是个诚实的人，值得信赖，就会愿意结交你，和你成为朋友。

（4）多与别人交谈，敞开心扉，能容他人，他人也就能容自己。话是开心的钥匙，只要与人交谈就会收到交际的效果。多与人交谈就会渐渐地敢于说出自己的心里话，就会与人坦诚相待，就会容许别人发表自己的见解，彼此相容就会达成一致，就会建立友谊，你也就学会了交际。

打开心灵的枷锁，让自己融于社会，坦诚待人，你就会在社会这个大舞台中找到属于自己的快乐。

凡事要想得开

【原典】

汝游心于淡，合气于漠，顺物自然而无容私焉，而天下治矣。

【古句新解】

你应处于保持本性、无所修饰的心境，交合形气于清幽恬淡的方域，顺着自然的本性而没有半点儿私意，天下就可以治理好了。

自我品评

庄子认为如果想治理好天下，就必须使自己清幽恬淡。做人也应如此，只有保持恬淡之心、乐观态度才能更好地做事。

如果你想拥有健全的、正常的、和谐的生活，就要先拥有一颗乐观的心。但是拥有乐观的同时你会发现悲观就在不远处。

悲观的人对人生的态度与乐观的人正好相反。他们认为一切都不可改变，对一切都持以否定态度。对任何事情总是作最坏的预测，在观察人的时候，总是看到本质恶劣的一面、满肚子自私自利的动机。对悲观的人而言，社会是由一群狡猾、颓废而邪恶的人组成，他们总是想利用周遭的事物为自己谋利。这群人既无法信赖，也不值得对其伸出援手。

第一章 大知闲闲，小知间间
——庄子原来这样说立身之道

如果你曾与悲观的人进行合作，你会发现，只要你一提出计划，他们就会马上站出来反对，设置一连串的麻烦与障碍。而且他还会告诉你，即使圆满达成目的，最后只会尝到苦涩。经这么一说，你大概会对自己的计划产生动摇了吧。

悲观的态度具有很强的感染力，甚至能同化乐观的人。例如某天早晨，偶然在路上碰到一悲观人，他会立即将消极的态度与无力感传染给你。我们每个人的内心都有一种期待被唤醒、引诱的"倾向"。悲观的人能够巧妙地掳获这种"倾向"，藉此实现其目的。

具体来说，悲观"倾向"有两点：一是对未来的不定与恐惧；二是人与生俱来的怠惰，希望躲在自己的壳里不要动。事实上悲观者的本质就是怠惰。他不愿努力适应新的事物，也不愿改变习惯。无论起床、用餐，以及度周末的方式，都希望依照固定的模式进行。

一般来说，悲观的人往往自私。以人推己，他认为既然每个人都那么贪婪、堕落，而且千方百计想占人便宜，自己又为什么必须宽以待人呢？他常常深怀嫉妒，只要听他说话就知道了。

相反，如果你与乐观的人相处，就会快乐很多，因为他们容易信赖他人，愿与他人共赴困难。虽然也能察觉别人的恶意或缺点，但也相信每个人都有优点，所以与乐观的人相处，悲观的人也会受到感染。

悲观的人，就像一只躲在自己的壳里面的乌龟，稍微探一些头，就怕发生异常危险；相反，乐观者关心别人，让别人畅所欲言，给别人时间，观察对方的所作所为。如此便能够了解每个人的长处、优点，因而得以团结、领导众人，共同朝某个目标迈进。卓越的组织者、优秀的企业家，都具备这种特质。

另外，乐观的人也容易克服困难，转败为胜。因为他会在失败中积极寻找新的解决方法，在很短的时间内把不利的条件转变成有利的条件。悲观者则会因为一下子就看到困难而心生畏惧、退缩不前。日常生活中，我们每个人都要让乐观的情绪带走悲观，做一个快乐的人。

雾里看花，荣辱皆云烟

【原典】

定乎内外之分，辩乎荣辱之境，斯已矣。

【古句新解】

清楚地划定自身与外物的区别，辨别荣誉与耻辱的界限，不过如此而已呀！

自我品评

"不以物喜，不以己悲"，体现了人们对外物的一种正确态度。台湾著名作家林新居有一作品《就是这样吗?》或许能给你一种启发。

白隐是日本著名的禅师，佛法功德均为当时之人所仰慕。有一对夫妇，在住处的附近开了一家食品店，家里有一个漂亮的女儿。无意间，夫妇俩发现女儿的肚子无缘无故地大起来。面对这种事情，她的父母震怒异常！在父母的一再逼问下，她终于吞吞吐吐地说出"白隐"两字。

她的父母怒不可遏地去找白隐理论，但这位大师不置可否，只若无其事地答道："就是这样吗?"孩子生下来后，就被送给白隐。面对自己的名誉被毁，但他并不以为然，只是非常细心地照顾孩子——他向邻居乞求婴儿所需的奶水和其他用品，虽不免横遭白眼，或是冷嘲

第一章 大知闲闲，小知间间
——庄子原来这样说立身之道

热讽，他总是处之泰然，仿佛他是受托抚养别人的孩子一般。

事隔一年后，这位没有结婚的妈妈，终于不忍心再欺瞒下去了。她向父母吐露真相：孩子的生父是在鱼市工作的一名青年。

她的父母立即将她带到白隐那里，向他道歉，请他原谅，并将孩子带回。白隐仍然是淡然如水，他只是在交回孩子的时候，轻声说道："就是这样吗？"仿佛不曾发生过什么事；即使有，也只像微风吹过耳畔，霎时即逝！

为了让这个少女有生存的机会与空间，白隐甘心代人受过，牺牲了自己的名誉，在受到人们冷嘲热讽时淡然不惊，只是简单的一句"就是这样吗？"而在冤屈被洗刷之后还是那么一句平淡的话，"就是这样吗？"这种荣辱不惊的处世态度让人折服，可见白隐修养之高，道德之美。

19世纪中叶美国有个叫菲尔德的实业家，想要实现用海底电缆把"欧美两个大陆连接起来"。由此成为美国当时最受尊敬的人，被誉为"两个世界的统一者"。

在举行盛大的接通典礼上，刚被接通的电缆传送信号突然中断，人们的欢呼声变为愤怒的狂涛，都骂他是"骗子"、"白痴"。可是菲尔德对于这些毁誉只是淡淡地一笑。他不作解释，只管埋头苦干，经过6年的努力，最终通过海底电缆架起了欧美大陆之桥。在庆典会上，他却没上贵宾台，只远远地站在人群中观看。

菲尔德不仅是"两个世界的统一者"，而且是一个理性的战胜者。当遭到他人的质疑时，只淡然一笑，然后做出正确的选择，在实际行动上显示出顽强的意志力和自持力，这就是一种理性的自我完善。

每个人都不可避免地会面对成功与失败，只是大小与意义有所不同而已。面对成功与失败，应荣辱不惊。成功时要谨记，这荣誉只是过眼云烟，只是对自己能力的一种证明而已。失败了也不要一蹶不振，因为你拼搏了、奋斗了，何谈后悔。人生荣辱只为一时，时过境迁，一切皆云烟。

难得平常心

【原典】
人之不以好恶内伤其身，常因自然而不益生也。

【古句新解】
人不因好恶损害自己的本性，常常顺任自然而不人为地去增益。

自我品评

庄子认为只要人的本性不受外界好恶的损害，顺其自然就会增益，所以做人不要活得太累，保持一颗平常心，只要自己轻松快乐就好。

人的一生潮起潮落，好与坏、悲与喜，就像你不知道天上何时下雨一样，非人所能控制，人能控制的只有自己，面对外在的一切，保持平常的心态最重要。韩国的徐相洛最可钦可佩之处，是他有一颗平常人的心。因为有平常心，所以能够正确地看待自己的过去和现在，在发达时，不把自己看得不可一世、高人一等，在公司倒闭后不把自己看得一文不值、自暴自弃，而是在人生的大起大落面前能够自始至终保持平静的心态。

这一天，62岁的徐相洛穿着侍者的服装，在首尔市中心一家大酒店，学习如何端拿不锈钢盘子。他在那家酒店参加侍者课程培训并对

第一章 大知闲闲，小知间间
——庄子原来这样说立身之道

自己能在经济艰难时期找到工作感到庆幸。徐相洛是三美集团前副主席，集团的主要公司三美钢铁是韩国最大的不锈钢厂家。

大公司的副主席做餐厅的侍者，而且还怡然自乐。这在许多人看来简直是不可思议的事情，关于公司老板经理在破产后跳楼自杀的事不少，而像徐相洛这样身份的人，在企业倒闭后竟快乐地做起侍者来还是很少见的。面对生活的激流，他能进则进，能退则退，不因为自己过去曾居高位而不甘于低就，而是积极地面对自己的现状，重新做一个自食其力的普通劳动者。这倒应了中国人的一句名言：达则兼济天下，穷则独善其身。

徐相洛的良好心态很值得每个人学习，像徐相洛这样大起大落的人不是很多，生活中平凡的人占大多数，但平凡人有时也经历一些起起落落，比如升学、升迁、落榜、失业等，面对现实，无论你身处何位，都应有一颗平常心，这样你才会笑看世界，过好人生赐予你的每一天。

淡泊明志，宁静致远

【原典】

辩乎荣辱之境，斯已矣，彼其于世，未数数然也。

【古句新解】

（宋荣子）能辨别清楚荣耀和耻辱的界限，就这样罢了，他对于世俗的名誉，是未曾汲汲追求的。

自我品评

庄子认为宋荣子能将荣耀与耻辱的界限分清楚，已取得了不小的成就，但对于名誉他却不急切地追求，用一种淡泊的心态来看待它。

现实社会中面对荣辱人们很少能理智地对待，所以应该让自己拥有一个宁静致远的心态。

我们的行为主要是受理性和情绪这两个因素制约的。理性使人变得理智、冷静而办事少出错误；而情绪则是一把双刃剑，当一个人的情绪高涨时，办事效率会明显地提高，但当一个人情绪低落时，同样也会出现更多的差错，所以这把双刃剑用不好，就会出问题。最好的办法是能保持情绪的稳定，不使它大起大落，保持一种平静的心境，然后加上准确的理智的作用，二者充分的结合，定能相得益彰。

理性的强与弱也与情绪有关。情绪与理性并不是互相对立的，良好的情绪可以给理性指明方向，使理性更加成熟、更加完善，也使你的思维更顺畅、心情更愉快、成就感更强烈、奋斗的步子更快。当然，理性的强弱看起来与一个人的办事能力并非成正比，理性强的人未必都很聪明，未必都有很高深的智慧，而理性弱的人也未必办事能力不强。但是我们必须承认一个事实：一个心情变化起伏很大的人或变化频率很高的人，无论能力强还是差，他做出错误的判断及抉择的比率要比一般人高。有时候甚至会丧失自己的选择判断能力，因为他的心情被扰乱了，从而严重地影响了他的神经系统的功能，在这种情况下，他是非理性的。

在人性的丛林中人与人之间保持着竞争和共生的关系。整个系统处于一种相对的平衡之中。这种平衡表面安静，并无太大的变化。但实际上，这种动态的均衡无时无刻不在变化，事实上它里面潜伏着种种危机。有很多状况必须慎重处理，处理不当，重则惹祸上身，轻则灰头土脸，甚至好事也变成坏事。而这么多的人情世故当中，有的很单纯，有的很复杂，有的看起来单纯而实际复杂，有的看起来复杂而实际单纯。单纯的，或是复杂的，对付它们都没太大问题。最困难的是我们无法判断事情的真实面目，而这种真假难辨、虚实不明的状况，可能是自然原因造成的，也可能是由人为设置的假象。

对付失当，就会惹大麻烦！面对这些状况，也唯有透过理性及智慧来认真研究、思考、发现，才能拨开层层迷雾，了解到事物的真实面目。这个时候，如果你一遇到困难便知难而退，或是心绪马上紊乱起来，担心、忧虑、恐惧一拥而上，那么你的结局就可想而知了。你势必会败得一塌糊涂。而只有此时你保持平静的心如平静的湖面一样，可以让你的思考更清晰，让你的智慧及才智一一浮现出来，这样你才能临危不乱，做到难事不怕。显然，此时此刻，平静的心情就显得尤为重要了。

浮躁是现代人的一种通病。目光短浅，胸无大志，为了眼前的一点区区小利而红了眼。看到别人的成就自己就不平衡起来，就抱怨起来。说到他人的长处，就开始诋毁他人。好高骛远，不切实际，不踏踏实实地着手干自己的工作，而是光想干大事，幻想一夜成为百万富翁，却没有任何行动。这种人可以说整天的心情是无法平静下来的，像狗熊掰玉米一样，掰一个丢一个，而最终结果仍是一无所获，可见，这种浮躁病是害人不浅的。要想事业成功，必须首先立志，然后以平静的心态去钻研某一个行业或领域，将全部注意力和身心都投入进去，而不是目不暇接地看看这，又看看那。

那么如何才能达到心静如水的境界呢？对于不同的人可能会有不同的方法。而每个人达到这个境界需要付出的努力也会不同的。对于本来就倾向于安静型的人，当然很容易进入状态，而对于性格较为活泼外向的人来说则应努力做到以下几点：

1. 暗示自己

每天，多提醒自己，不要急躁要安静，保持心平气和。这样，每当你稍有浮躁时，你会靠这种暗示和自我鼓励，慢慢放松并最终成为习惯就好了。

2. 生活形成规律

当你每天的生活井井有条，形成规律以后，你会发现，生活也并不是使你疲惫不堪，有了规律之后，心情自然会好多了，轻松的心情会有助于你以平静的心态去应对挑战的。

3. 练习气功

实践证明，气功是一项很好的运动，它能使人从繁杂的现实社会中暂时逃离出来，而去寻找一个内在的自我，通过练功，你的内、外混元气畅通了，你会悟出很多自然界的奥秘来，而且能达到心平气和的境界。

4. 回归自然

不知你是否有此感觉？当你登山或去森林中漫步时，只要你将自己的身心投入到大自然之中，专心聆听大自然的声音，去呼吸清新的空气，你会发现所有的烦恼便会随风而逝。这时你会在回归自然的过程中返璞归真，找到真实的自我。总之，理性是战斗的实力，不管成功到什么程度，有功不能太自居而傲，应该淡泊一点，稳定好自己的情绪，平静好自己的心境，这也是成功的助跑器。

以平常心面对"好"与"坏"

【原典】

万物无足以挠心者,故静也。

【古句新解】

万物不能扰乱他(圣人)的内心,所以才宁静。

自我品评

庄子认为圣人之所以能做到心静,是因为外物的好与坏都不足以影响到他。社会上的好与坏、是与非往往不是我们所能控制的,所以无论遇到什么事都要保持一颗平常心,这样才不会失去快乐。

有一位女士是一家杂志社的主编,朋友介绍一位美工给她。这位美工刚从另一家杂志社离职,还没找到工作。这位女士看她很客气,也一副很听话的样子,便接纳了她。

这位美工的能力只能说是中等,但女士待他不错,放手让他发挥,还主动帮她争取待遇,那位美工也感激涕零地表示将"鞠躬尽粹",于是女士更对她好了。这样一年下来,这位美工生活安定了,并在别家杂志找到兼职,但也因此影响了本职工作;于是她开始抱怨待遇太低,设计的东西也越来越差,最后竟然丢下没完成的工作,到另外一家杂

第一章 大知闲闲，小知间间
——庄子原来这样说立身之道

志社去了。

这位女士气得快炸了，逢人就说："对人好，错了吗？对人好，错了吗？"像这位女士这种情形很多人碰到过，有道是"把心肝切给人吃，人还嫌腥"。

"对人好"并不是一件错事，而是不要忽略了人性中"恶"的一面。人是善恶并存的，就如细菌在适当的温度下便会滋长那般。如果你对他人太好，给了别人"好好先生"的印象，就会给他心中的"恶"提供抬头的机会。这位美工连个招呼也不打就弃这位女士而去就是一个例子。

我们并不认为因为对人好反被人恶意对待，就不应对人好，但上面的例子的确是个教训，因此"对人好"要讲究方法。

要先从"不好"开始，再进到"好"的层次。所谓"不好"倒也不是无理地苛待，而是给他一种精神上的压力，让他知道你并不是好好先生，那么对方便不会有"反正他不会对我怎样"的侥幸心理。过一段时间后，再对他"好"，这样对方会因"松了一口气"而感激你，而且也会认为你不是"坏人"。而后你便可"好"与"不好"交互运用。也就是说，宁可先严后宽，再宽严并济，若先宽后严，绝对会引起对方的反感，怨你、恨你，就像给小孩糖果，先给少再给多，他会很高兴，并且称赞你的"好"；若先给多后给少，他就要生气哭闹了。大人也是如此。

另外，也可让对方为你的"好"付出代价，绝不可让他有"得来容易"的感觉，否则他就不会珍惜你对他的"好"了。无论是先宽后严，或先严后宽，永远有根本不理会你的"好"的人存在。

因此保持平常心，不因对方的无情而生气也就很重要了。主动对别人好，只求问心无愧，但绝不可强求别人以同样的好回报你。他人对自己的好同样也不可强求，不要去太在意，好与不好是彼此心里的一个尺度。保持一颗平常心，方是做人的成功之处。

做拥有平凡心态的快乐人

【原典】

为善无近名，为恶无近刑。缘督以为经，可以保身，可以全生，可以养亲，可以尽年。

【古句新解】

做善事不要存着求名之心，做恶事不要遭到刑戮之害。顺着自然的中道而为常法，就可以保持健康，可以一生平安，可以养生，可以尽天年。

自我品评

庄子认为人要想出人头地，就必须以平常的心态去处事，不可强出头，否则只会朝相反的方向发展。

快乐来自平凡的心态，在自己的能力范围内做自己想做的事，快乐自己，娱乐他人。

理想是生命的动力，但一旦人们过分执著，它就会变成一种生命的桎梏，你的生命也必将因此而倍感沉重，最后在不断失望的重负中萎顿、死亡。切记："平凡的即是伟大的"，不要小视你的平凡，一切伟大的事物都是在"平凡"的积累过程中诞生的。

第一章 大知闲闲，小知间间
——庄子原来这样说立身之道

有一天，一个国王独自到花园里散步，花园里所有的花草树木都枯萎了，园中一片荒凉。后来国王了解到，橡树由于没有松树那么高大挺拔，因此轻生厌世死了；松树又因自己不能像葡萄那样结出许多果实，也嫉妒而死；葡萄呢？则哀叹自己终日匍匐在架子上，不能直立，不能像桃树那样开出美丽可爱的花朵，于是也死了；牵牛花也病倒了，因为它叹息自己没有紫丁香那样芬芳，其余的花草树木等植物也都是因为自己的平凡而垂头丧气，没精打采，只有那些细小的心安草在茂盛地生长，这使得国王感到诧异万分。

国王看着这根渺小得几乎不能再渺小，平凡得几乎不能再平凡的心安草问道："小小的心安草啊，别的植物全都枯萎了，为什么你却这么勇敢乐观，毫不沮丧呢？"

小草回答说："国王啊，我一点也不灰心失望，因为我知道，如果国王您想要一株榕树，或者一株松柏、一些葡萄、一棵桃树、一株牵牛花、一棵紫丁香什么的，您就会叫园丁把它们种上，而我知道你希望于我的是要我做小小的安心草。"

"安心草"的生活在有些人看来是太平凡无奇了。有些聪明能干、有远大抱负的年轻人总是瞧不起那些平凡过日子的人。他们认为平凡的人"没出息"、"微不足道"、"活得没意思"，如果他们自己奋斗失败，无所作为，面对和常人一样平淡无奇的生活时，就会觉得生活无聊透了，因而生出了无尽的烦恼。

其实平凡中有时候也含有一些伟大的道理。或者说是因为平凡所以伟大。一位古代哲人曾说过：没有大烦恼与灾祸的日子，就是天大的幸福。而古希腊的大哲人伊壁鸠鲁说得更经典，"幸福，就是身体的无痛苦和灵魂的无纷扰。"

生活有目标，想出人头地，可以说是一种相当积极的心态，可是这必须建立在对平凡生活的肯定之上。唯有对平凡生活的肯定，才能让人更发奋向上。相反的，如果对平凡的生活状况一直抱着不满的态度，那么想出人头地的想法，反而会给你带来负面的影响。

生活不管再怎么平凡渺小，一个能把一家大小的生活都照顾得很好的母亲，就已经有足够的理由值得我们尊敬了。不仅我们需要这样想，这些默默耕耘的人更需要有这样的自信。那些不懂得成功艺术的人，通常是那种不懂得从平凡中找出伟大的人。

每个人都有不同的成功哲学，只要你能够打心底深处对自己的生活方式感到满足，那么你就已经离成功不远了。一个人如果无法成功对待人生的话，那么他的一生就会变得毫无意义。因此在心里面描绘出自己成功的样子对每个人来说也很重要。

艺术至上主义者的芥川龙之介，说过这样一句话："希望自己的人生过得幸福快乐，必须从日常的琐事爱起。"这句话你不用担心无法理解，只要照字面的意思解释就可以了。人生其实就是由一大堆琐事所堆积起来的。然而就是因为是琐事，所以我们大多都不会去在意它，甚至也记不得它。然而，想去爱这些琐事，并且把它们都做好，必须有相当的努力与能力才能做到。

在公司中常可以看到这种人。他们看起来相当质朴踏实，说穿了也没有什么过人的能力，可是却能够把事情做得有条不紊，并且步步高升。

"为什么像那样的人也当得上经理呢？"

"也许因为他善于拍马逢迎吧！"

像这样的想法，是绝对错误的。正因为这种人善于处理公司中的琐事才有今天的地位。相反的，那些叱咤风云于一时的人，往往到了最后都会被遗忘，因为他们虽然相当的抢眼，可是对公司而言，他们的贡献却不如那些善于处理琐事的人。

平凡是一种十分积极而有意义的心态，因为只要你把自己对人生的苛求抛开了，你就不会再有挑肥拣瘦的想法而愉快地接受现实中的繁杂琐事了。

从这里我们可以发现一个生活的道理。如果你觉得自己并没有特别杰出的能力，那就尽可能地试着做一个平凡的人物，把琐事都做好，

第一章 大知闲闲，小知间间
——庄子原来这样说立身之道

因为公司和人生的事务有九成以上都是烦人的琐事。如果你能够把那些琐事做好的话，那么你就可以和那些有能力的人一样，受到很高的评价。千万不可以小看这些琐事，它有时候也可能是改变历史的重要因素也说不一定。有时候你可能会在无意中成为人们眼中的英雄。

被人们认为是迄今为止最有智慧的人物之一的爱因斯坦曾告诉我们："不要努力去做一个成功的人，宁可努力去做一个有价值的人。"他不但给我们指明了一个人生发展的取向，而且也教给了我们一种对待人生的方式，这可能也是最有智慧的人生箴言吧！

在一处荒芜的山脚下，一群正在玩耍的孩童见到一位行动迟缓的老人，背上背着一袋沉重的树种，手中握着一个小铲子。老人用铲子吃力地将树种埋入地里。大家好奇老人的行为，老人对小孩们说："我在这附近已经种了一万粒种子了。但其中可能只有百分之一会发芽成长。虽然机会不大，我仍希望在我晚年可以做点有用的事。"

二十年之后，小孩都长大成人，又回到这个山脚。这里的景象让他们大吃一惊。因为老人当年的付出，使得这一片不毛之地成为树木参天的森林，一大片的绿色林木，令人赏心悦目。

你现在默默地付出，或许不能一下子看到成果，然而当树籽植入土中，总有发芽滋长的一天，若干年之后，当后代子孙望着这片茂盛的森林而感慨前人恩惠的那一刻，便会想起这位平凡中见伟大的老人。

第二章 水之积也不厚，则其负大舟也无力
——庄子原来这样说成事之道

庄子认为人活于世应视时机而动，顺利时就可顺其发展，不顺利时，要静心等待，要懂圆通之道，不可强求。退一步海阔天空，退是为了更好地进，适时无为，是办了更好的有为，聪明的人善于将"有为"与"无办"合用，是为了收获最好的"达"

第二章 水之积也不厚，则其负大舟也无力
——庄子原来这样说成事之道

适时无为，实则有为

【原典】

故君子不得已而莅临天下，莫若无为。无为也，而后安其性命之情。

【古句新解】

所以，君子不得已而居于统治天下的地位，那就不如一切顺其自然。顺其自然方才能使天下人保有人类自然的本性与真情。

自我品评

无为，然后能无不为；无为，然后能有作为。有为与无为两个看似相反的行为，其实是相互贯通的。顺应客观，无为而治，并非完全听天由命，任人摆布，而是在顺应客观的同时，主动地、策略地、乐观地、自觉地去驾驭现实环境中所遇到的矛盾，并制定合理的方针、策略。所谓"无为而治"，其实是指大有为而无为，貌似无为，实则有为，眼下无为，长远有为的一种为政策略。

人说话不在多，只求精，有时默默无言，就足以使对方慑服。就像诸葛亮布下空城计，看上去空空荡荡，反而给敌人一种受到包围的不祥预感，只得夹着尾巴溜走了。"欲擒故纵"、"大智若愚"、"大

巧若拙"，其意思是遇事不慌，镇定自若，挥洒自如。这是在个人为人处世企业经营或谈判中都可以运用的高招，也是一种人生智慧。

庄子继承老子政治论的精髓，一言以蔽之，即"无为"。"以无事而治天下，吾何以知其然哉？以此：天下多忌讳，而民弥贫；朝多利器，国家滋昏；人多技巧，奇物滋起；法令滋彰，盗贼多有。"其意为，禁令越多，人民越贫；技术越进步，社会越混乱；智慧越增加，人民越不幸；法令越完备，犯罪者越滋生。为此，他奉劝统治者们要"无为而民自化，好静而民自正"。

这种"无为"包括三个方面。一是作为领导者应尽量少施行命令或指示；二是不要实行使下属负担过重的政策；三是对下属的各种活动尽量避免介入或干涉。但这并不是说领导者对一切都不管，而是要领导者随时留心下属的动向。口出怨言或者发牢骚、自叹倒霉的领导者并不称职。因为无论工作多么辛苦，都是自己应负的责任，所以表面上不应显出痛苦的样子。而要以悠闲自在的精神状态面对下属。就像鸭子若无其事、轻轻松松自由地划进水面一样的自然。

"有为而治"和"无为而治"符合辩证法的原理。"有为"是手段，"无为"也是手段，"治"才是目的。表面看来，"有为"和"无为"似乎是不相容的，但作为工作方法来看，它们能够殊途同归，共同达到"治"的目的。

随着社会生产的高度发展，生产规模的扩大和部门层次的增多，一个领导者即使精明强干，能力超群，也是无法事必躬亲，样样"有为"的。他必须忽略可以忽略的东西，做到大事"有为"，小事"无为"。

那么，如何做好"有为"与"无为"呢？

首先，领导者只需在事情的开始阶段表现出"有为"来。实践证明：很多事情不必领导者躬亲其过程，而只需要在开始时表示一个态度就可以了。这种表态可叫"拍板"，也可叫"决策"。算是"有为"的举动。领导者仅在工程之始参加的"奠基仪式"、"开工动员"等亦

第二章 水之积也不厚，则其负大舟也无力
——庄子原来这样说成事之道

属于此类性质。

其次，领导者只需在事情的中间环节上表现出"有为"来。此时的"有为"，是为了引导、完善群众运动，促使高潮的到来。而当高潮形成后，他应当奔向新的目标，在新的领域开始自己的"有为"。

再次，领导者的"有为"只需要在两头有所表现就够了。意在表明一件事的开始和完结，以便把群众的思路引向一个领域和转向新的领域。同时，也表明领导者对有关事情的态度和此事在全局中的地位。

另外，对有些事情，领导者只需扮演"旁观者"的角色，自始至终都在表现着自己的"无为"。但这种"无为"的目的在于给其下属提供"有为"的锻炼机会。值得说明的是，领导者的"有为"，不应是直接指向目的的活动，而应是直接指向被领导者的活动。对一个领导者首要的和基本的要求，应该是他能够组织别人"为"什么，而不是单纯他个人能够"为"什么。一个军事指挥员，如果放弃组织战役、调兵遣将的战略任务，而去直接参与肉搏或冲锋，那么他就不是一位优秀的指挥员。原因是，他的"有为"和"无为"正好颠倒。

什么"有为"，什么"无为"，何时"有为"，何时"无为"，对于一位成功的领导者来说，至关重要。第一，如果本该"不为"时有所作为，不仅会限制下属的主动性、积极性，而且还会妨碍、干扰下属的工作。这样长期下去，会使下属不能独立处理自己分内的事，养成照抄照搬的依赖心理，即我们说的"有靠头"。

第二，不该"有为"时有所作为，必然会破坏整个领导机构的系统功能，影响各级领导者在"管理场"中的固定位置，导致工作秩序紊乱。一个领导者，如果越俎代庖，干了下属应干的事，难免顾此失彼，势必疏于职守，"金字塔式"的领导系统的发散性和收敛性功能必然不能兼备运行。

第三，本该"不为"时有所作为，很容易将不成熟的意见强加于人，从而造成失误，降低组织的威信。在实践中，一些领导者以自己不成熟的意见支配组织，给事业造成损失的例子，是屡见不鲜的。人

们在总结经验教训时，往往习惯用组织的失误或不成熟来为领导者开脱"罪责"，这样的评判未必准确。因为，组织的思想、行为是受人（领导及其成员）支配的。因此，组织的人尤其是领导者成熟与否直接表现为组织的成熟与否。从这个意义上讲，只有不成熟的个人，没有不成熟的组织。同是一个组织，为什么有的人担任领导者，工作就做得好，而另外的人却做不好呢？

第四，不该"有为"时而有所作为，即使领导者的用心是良苦的，也必然如前所述，因小失大，祸害无穷。一个高层领导者只有真正站在社会实践系统所赋予他的固定位置上考虑全面，掌握方向，而在具体事务上则较为超脱，当"甩手掌柜"，那他才算是高明的领导者。有所不为，才能有所为，历史的辩证法就是如此。

北欧航空公司董事长卡尔松大刀阔斧地改革北欧航空系统的陈规陋习。开始时，他的目标是要把北欧航空公司变成欧洲最准时的航空公司。但他想不出该怎么下手。卡尔松到处寻找来负责处理此事的人，最终找到了合适的人选。于是卡尔松去拜访他："我们怎样才能成为欧洲最准时的航空公司？你能不能替我找到答案？过几个星期来见我，看看我们能不能达到这个目标。"几个星期后，那人来见卡尔松。卡尔松问他："怎么样？可不可以做到？"

他回答："可以，不过大概要花 6 个月时间，还可能花掉你 150 万美元。"卡尔松插嘴说："太好了，说下去。"因为他本来预计要花 5 倍多的代价。

那人吓了一跳，继续说："等一下，我带了人来，准备向你汇报，我们可以告诉你到底我们想怎么干。"

卡尔松说："没关系，不必汇报了，你们放手去做好了。"

大约四个半月后，那人请卡尔松去，并给他看几个月来的成绩报告。此时北欧公司已成为欧洲第一。但这还不是他请卡尔松来的唯一原因，更重要的是他还省下了 150 万美元经费中的 50 万美元，总共只花了 100 万美元。

第二章 水之积也不厚，则其负大舟也无力
——庄子原来这样说成事之道

卡尔松事后说："如果我只是对他说，'好，现在交给你一件任务，我要你使我们公司成为欧洲最准时的航空公司，现在我给你200万元，你要这么这么做。'结果怎样，你们一定也可以预想到。他一定会在6个月以后回来对我说，'我们已经照你所说的做了，而且也有了一定进展，不过离目标还有一段距离，也许还需花90天左右才能做好，而且还要100万元经费等。'可是这一次这种拖拖拉拉的事却不曾发生。他要这个数目，我就照他要的给，他顺顺利利地就把工作做好了。"

可见，正是卡尔松的"无为"变成了"有为"。"无为而治"和"有为而治"兼而有之的领导方法对人们来说，并非生疏。它在实践中早被广泛地应用着，只不过是，有的被自觉应用，有的被不自觉应用，有的被正确应用，有的被不正确应用罢了。

领导者的"有为"如果能够沁出牡丹的芳香，那么领导者的"无为"，则是为了让下属"有为"，以显示绿叶的清馨。两者兼而有之，方能收到牡丹绿叶之效。"有为"与"无为"兼而用之，才是最好的"达"。

只有行动才算数

【原典】

道行之而成,物谓之而然。

【古句新解】

道路是由人走出来的,事物是因为人们如此称呼而形成的。

自我品评

如果我们不能为我们的信仰和愿望而行动,那么,无论什么哲学理论、叫得多么震耳欲聋,对我们也没有丝毫益处。

只有行动才算数。有了坚定的信念,就要立即付诸行动。你是否相信:只要能力与精力许可,人人都能达到自己所追求的目标?你极有可能会干脆地说:"当然。"或许你旁边还有人在摇旗呐喊,表示赞同。假如你此时正失业在家,没有任何收入,新的工作又遥遥无期,你还会相信这种说法吗?

请看席勒的故事——信念让他决不轻言放弃。

"我的父亲不但事业成功,而且为人慷慨。从我上高中的时候开始,只要我需要用钱,我随时可以用父亲银行的账号开支票。上大学时,我更是随心所欲了。这样舒适、逍遥的生活一直持续到父亲去世。

第二章 水之积也不厚，则其负大舟也无力
——庄子原来这样说成事之道

父亲留给我的遗产是一块相当大、而且十分值钱的土地，但没多久，大萧条便席卷各地，我当年的财务便是严重赤字。这以后为了偿债和到银行贷款，便陆续把田地抵押，并最终被银行拍卖。

"直到有一天，我突然发现自己已经一无所有。如果我要活下去，就必须出去找一份工作——那是我以前从未考虑过的事。在此之前，我唯一的技能是开支票，但此法目前已完全行不通了。我完全陷入了茫然。

"一天晚上，我从噩梦中醒来，终于知道自己必须面对现实了。我对自己说，无忧无虑的童年岁月已过，现在你已长大成人，当然做事也要像个大人。伙计，开始工作吧！一直以来我天真地认为美国是个充满机会的国度，只要努力，便能达到追求的目标。如今，虽然正值经济萧条时刻，工作机会不多，但我对自己的前途仍满怀希望。

"我的健康状况良好，具有大学文凭和一些商业知识，又有从失败和错误中所得到的经验。我迫切需要的是采取行动，而不是浪费时间去抱怨自己的不幸遭遇。我要用行动证明这个国家是个充满机会的地方，只要有决心，人人都可赢得一席之地。这份信念，让我不能够轻言放弃。

"我终于在一家财务公司找到工作，并在那里愉快地工作了4年。后来，我辞去职务，再次回到家乡的土地上。这一次，事情进行得顺利多了。我慢慢积聚力量并逐渐建立起自己的信用，并扩大了经营的范围。

"我失去的一切，都被我重新赢了回来。感谢多年来失败给我的教训，这一次，我是真正靠自己走上了成功之路。我的努力没有白费，我还把这些宝贵的经验都传授给了我的两个儿子，因为我深深明白：这比单独只给他们财富要有意义多了。"

由此可知，我们必须信仰某些事物。但是，假如我们没有就此采取相应的行动，一切仍然无用。

《珍惜每一天》的作者约翰·希勒告诉我们："成熟必须靠学习得

来。"而且，通常必须经过困苦的磨难才能获得这种奖赏。赫德利太太太太也学到了这样的教训。

赫德利太太住在加拿大的沙卡契文市，是个快乐、平凡的家庭主妇。她的生活一直风平浪静，直到一场可怕的车祸，使她毫无防备地跌入生活的深渊。

医生起初以为赫德利太太的脊椎骨断裂了，后来，根据 X 光判断，虽然她的脊椎骨并没有碎裂，但骨骼表面仍因擦伤而长出了刺状物。医生吩咐她卧床休养一个月，并且告诉她由于她的脊椎骨有严重的僵硬现象，也许在五六年之后，她将全身瘫痪。赫德利太太回忆当时的心情时说道：我愣住了。我一向活泼好动，从没遇到过挫折，但现在，不幸终于发生了。卧床的时间越长，我的勇气和信心消失得越快，我陷入了无尽的恐惧之中。我不断地告诫自己，5 年的岁月，我可以做许多事情以帮助减轻家人的负担。只要我继续治疗，并坚定战胜病魔的信心，说不定会改善自己的状况。我不会轻易缴械投降，我一定要勇往直前。我相信，并且下决心要有所作为，接下来，恐惧感竟然消失了。

为了鼓舞自己开始新生活的勇气。我总是不停地提醒自己：向前，向前，向前！5 年一晃而过。如今，医生惊喜地告诉我恢复的情况良好，并有完全康复的可能。医生要我保持愉快的心情、对生命要抱有积极的心态。这正是我的信念。只要我的身体还能活动，我一定会坚持不懈地做下去。

赫德利太太成熟的表现来自一个信念，并且根据这个信念采取行动。当然，仅有信念不足以让我们变得成熟。信念能增强我们的勇气，使我们在接受考验的时候，能勇于面对。但目标的实现还需要我们采取积极的行动。

有时，我们的行动和信仰也会有矛盾的地方。比如，有名妇女笑着告诉朋友，店里的女售货员多找了零钱给她。朋友问她是否打算将

第二章 水之积也不厚，则其负大舟也无力
——庄子原来这样说成事之道

钱退还，并向那位女售货员说明理由，她听了大不以为然。

"当然不啊！"她提高了声调急急说道，"那是她的过失，当然得由她负责。想想看，若是她少找了零钱给我，不就是我吃亏了吗？"

如果我们要认真质疑这位妇女的诚实度，她当然就要自取其辱了。她对女店员的过失幸灾乐祸甚至到了不顾体面的地步。这种不算光明磊落的行为，完全暴露出她是不诚实的。

耶稣曾说过："凭他们所结的果子，就可以认出他们来。"是的，只有行动才算数。如果我们不能为我们的信仰而行动，那么，无论什么哲学理论、叫得多么震耳欲聋，对我们也没有丝毫益处。一旦我们有了坚定的信念，就要付诸行动。

有一名坚信人不可轻言放弃的建筑商。他不仅坚信自己的信仰，而且还时时在行动中表现出来，因此事业做得十分成功。

年轻的时候，他打算在建筑和工业界谋求职位，由于没有经验，他四处碰壁，没有人愿意聘用他。由于当时经济不景气，很少有公司需要聘请工程或制图人员，就是经验丰富的老手也不时有人失业。

满怀憧憬的年轻人感到非常失望。但后来一直找不到工作也不是办法，干脆就自己来创业吧。于是他从亲友那里借了500美元，然后成立了一家小小的建筑公司。可以想象，想要盖房子的人，谁会愿意找一名没有经验又没有名气的人来做呢？但无论如何，这位年轻人鼓起勇气，下定决心干到底。就凭这么一种信念和坚持，他终于揽到几项小工程来做。

虽然他的第一项工程，由于缺乏经验，估价不准，而赔了200美元，但有了这次失败的教训，接下去的几项工程便顺利多了。由于他坚持自己的信念，从不轻言放弃，终于渡过了一生中最大的难关。

人要么因为没有信念而一蹶不振，要么把信念化为行动，并且不顾一切地坚持到底。相信你一定会在二者之间做出明智的选择。

只有行动才算数。坚持到最后，需要配合有积极的行动。做事做

人都要有一种"道行之而成"的认识，果敢决断，而不犹犹豫豫，裹足不前，让事情坏在这种犹豫不决中，让众多好思想徒具一副好皮囊。

宋仁宗时，社会经济文化都有很大的发展。但土地兼并严重，国家财政空虚，西夏和辽屡次犯边，致使人民起义不断，统治集团内部矛盾重重，使北宋积贫积弱的局面逐渐形成。

这种社会不稳定的局面，反映到皇宫内部的斗争必然尖锐起来。崇政殿的亲从官颜秀、郭逵、王胜、孙利四人，本是皇帝的心腹，为皇帝出生入死。但是，眼看社会动荡不安，他们觉得北宋江山也长久不了，便私下里密谋，准备兴兵叛变，劫持仁宗，"挟天子以令诸侯"，或直接推翻宋朝，以新的年号取而代之。他们是皇帝侍从官，容易接近皇帝，很容易达到目的。正如俗话说：堡垒最容易从内部突破。

准备就绪后，颜秀等人便开始行动了。他们杀死了军校，抢走执仗，一路厮杀，进入延和殿，再攻杀进禁中，很快逼近皇帝的寝殿。这时，皇后正在殿内和皇帝闲谈，夜里得知宫内发生谋变，仁宗很惊慌，便打算逃出寝殿，保全自己，皇后却下令立即关好宫门，然后派人召来都知董守忠等人，请他们带兵护卫，确保皇上安全。不一会儿，颜秀等人冲到福宁殿下，斩杀宫中人，宫人们见状四处奔逃，惊吓声四起，有的被斩断了臂膀，呼痛之声，响彻帝所。恐怖与惊吓的气氛，笼罩着整个寝殿。何承用怕皇帝惊恐，启奏宫人殴打小女子。皇后大声怒斥道："叛贼在殿下杀人，皇上就要出来，你们还敢妄言启奏？"皇后知道叛贼要纵火烧殿，便吩咐左右持水准备。不一会儿，叛贼果然以蜡烛焚烧灯笼，再焚烧宫殿。左右持水者，迅速将火浇灭，叛贼烧殿不成。双方的战斗仍在激烈地进行着。为了组织力量，打击叛贼，防止出现更大的叛乱，皇后亲自削剪宦官的头发，并说："平定叛贼后，我要论功行赏，其凭证就是剪过的头发。"宫中宦官及宫女，都争相剪发，尽力拼杀。经过一番激烈的战斗，宦官及宫女有一定伤亡，但颜秀、郭逵、孙利三人终为宿卫兵所诛杀，王胜一人逃跑，数日之后，也被抓获，立即被斩杀。颜秀等人的宫中谋变，至此便彻底失败了。宫中又恢复了原有的平静。

　　这次事变，起于突然，宫中毫无准备。但仁宗皇后却善观动态，巧于措置，仓促之间，指挥若定，转危为安，终于平定谋乱，没有惊人的魄力是很难办到的，仁宗皇后不愧为巾帼英雄。

　　只有行动才算数，否则犹豫不决就会一事无成。有些人总是前怕狼后怕虎，最后耽误的还是自己。

无为而为，顺应自然

【原典】

无为为之之谓天。

【古句新解】

用无为的态度去做就叫做自然。

自我品评

庄子认为做事应用自然的态度，一切不必强求，无为的自然往往会开花结果。一个人越是有私心，就越难以做自己；越想有所为，就越难以有所为。如果你与全国人去争国家，与全天下人去争天下，与全行业领域中的人去争成败，结果必然是一无所获。

你如果不与他人去争，恬淡无为，或许会有所得，不争之争反而天下莫能与之争。所以庄子说："深知什么是雄强，却安守雌柔的本分，甘愿做天下的溪涧。甘愿做天下的溪涧，永恒的德性就不会离失，恢复到婴儿一样单纯的状态。深知什么是明亮，却安守于昏暗的本分，甘愿做天下的模式。甘愿做天下的模式，永恒的德行就没有过失，恢复到不可穷极的真理。深知什么是荣耀，却安守卑下的本分，甘愿当天下的川谷。甘愿当天下的川谷，永恒的德性才能得以充足，恢复到

第二章 水之积也不厚，则其负大舟也无力
——庄子原来这样说成事之道

自然开端朴素、纯真的状态之中。"

委曲便会保全，屈枉便会直伸；低洼便能充盈，陈旧便会更新；少取便会获得，贪多便会迷茫。做事情时，没有必要刻意去追求结果，用随性的方法有时便是最好的方法。

计划之中总有计划，比如每一件大事都有它的计划，分门别类，按部就班。而每一个计划中又有若干阶段的独立计划，每一独立计划，前后彼此，都有着密切的联系，并且是相互衔接的。

例如，一次战争，都有全盘计划，而每一次战役，又有每一次战役的计划。一个国家有整个国家计划，而每一部门，又有每一部门的计划。如政治建设计划、经济建设计划、农业建设计划、教育建设计划、国防建设计划等等。

计划中又有按时期、种类的分别计划。国家是这样，个人也是这样。一个人有一生的计划、一年的计划、一日的计划。一件事又有一件事的计划，然后按计划行事，按时计工，自然有所成就。

春秋时期，齐国宰相管仲，把国家治理得有条不紊，征服了许多割据一方的诸侯小国。最后，只剩下楚国没有征服。

当时，齐国有好几位大将军纷纷向齐桓公请战，要求率重兵去攻打楚国。担任宰相的管仲却连连摇头。他对大将军们说："齐楚交战，旗鼓相当，胜负难决。单就粮草而言，得把辛辛苦苦积蓄下的粮草倾仓用光；更有齐楚两国万人的生灵将成尸骨！"

大将军们听后不敢再出声，都用询问的眼光注视着智慧超人、功劳卓著的管仲。管仲却不慌不忙，带领大将军们看齐人炼铜铸钱去了。

后来，管仲派100多名商人到楚国去购鹿。当时，鹿是较稀少的动物，仅楚国才有。但人们只把鹿作为一般的可食动物，两枚铜币就买一头。管仲派出的商人在楚国到处扬言："齐桓公好鹿，不惜重金。"

齐国商人开始购鹿，3枚铜币一头，过了10天，加价为5枚铜币一头。楚成王和大臣闻知此事后，颇为兴奋。他们认为繁荣昌盛的齐

国即将遭殃，因为10年前卫国的卫懿公好鹤而把国亡了，齐桓公好鹿正蹈其覆辙。于是他们便放松警惕，在殿里大吃大喝，等待齐国大伤元气，他们好坐得天下。

这时管仲却把鹿价又提高到10枚铜币一头。

楚人见一头鹿的价钱如此之高，纷纷拿起猎具奔往深山去捕鹿，不再种田；连楚国官兵也陆续将兵器换成猎具，偷偷上山了。

又一年，楚国遭到大灾，铜币却堆成了山。

楚人欲用铜币去买粮食，却无处可买。管仲已发号施令，禁止各诸侯国与楚商通粮。

如此下去，楚军人黄马瘦，大大削弱了战斗力。管仲见时机已到，便集合八路诸侯之军，浩浩荡荡，开往楚境，大有席卷残云之势。楚成王内外交困，无奈之下，忙派大臣求和，同意不再割据一方，欺凌小国，保证接受齐国的号令。

管仲不动一刀，不杀一人，就制服了本来强大的楚国，为东周列国赢得了一个安定的时期。后来，有人把管仲这次用的计策称为"买鹿之谋"。

古人说：天地以顺为动，所以日月就以四季更替而不差失；圣人以顺为动，所以刑罚清明而人民归服。阴阳以顺动则豫，天地以顺动而有规有序，圣贤以顺动就能正直，国家以顺动就能富强，战争以顺动就能取得胜利，全人类与天下所有万事万物以顺动就能宜而可止，达到至善。宜就适当，适当就真实无妄，真实无妄就不停息，不停息就久远，久远就宽厚，宽厚就高明。这样不见自彰，不动自变，不战自胜，不争自有，无为自成，无私自大，就是顺应的功效。

所以对于领导者来说，成功的秘诀在于顺应，一切随性、随缘、随自然，才能够不争天下却得天下。

第二章 水之积也不厚，则其负大舟也无力
——庄子原来这样说成事之道

退一步路更宽

【原典】

故知止其所不知，至矣。

【古句新解】

一个人能停止于自己所不知晓的境界，那就是明智到极点了。一个人的追求应该是有限的，只有学会退一步，放弃不属于自己的东西，才能安然处世。

自我品评

庄子认为光有越众的心理，却没有超出众人的实力，不如先学会退一步向他人学习，然后超出众人才水到渠成。

退一步需要有艺术，换句话说，不可以白退步，要退得有价值。有一道脑筋急转弯题：飞机在高空中盘旋，目标紧紧咬住装载紧急救援物资的卡车，就在这危急时刻，前面出现一个桥洞，然而洞口低于车高几厘米，问卡车如何巧妙穿过桥洞。

问题早就有了答案——把车轮胎放掉一部分气即可。问题的答案虽然简单，却教给我们一个做人的道理，遇事不如像轮胎放气一样低一低头，你会发现再抬头会比原来看得更远。开始时不是一筹莫

展，搞得焦头烂额，就是硬往前闯，哪管它三七二十一，死了也悲壮。这固然表明一个人有勇气和自信，但结果却往往会适得其反，事情会扯不清理更乱。毫无价值的牺牲，最终受害的是自己，随着"吃堑"的增多，也长了些许的"智"，再遇到类似的难题时，不妨向后退一步，这是个不错的方法。

纵观历史，也有借鉴的镜子。三国时刘备再三低头让步：从三顾茅庐到孙刘联合，每一次低头，都会"柳暗花明又一村"，终于做成"三足鼎立"中的辉煌。有一人在广告公司做事，由于年轻易冲动，便轻而易举地得罪了经理。于是，在以后的日子里，每次开会都自然而然成为会议的第一个主题——挨批。被批得面目全非后，真想一走了之。但是转念一想，如果真的走了，一些罪名不光洗不清，而且会被再蒙上厚厚的污垢；再者，这是一家很有名气的广告公司，自己完全可以从中源源不断地得以"充电"。于是坚持留了下来，整理好乱七八糟的心情，低头实干，以兢兢业业来为自己疗伤，以实实在在的业绩回击谎言。一笔又一笔的业务，增添了他的信心，也使他积攒下了许多经验财富。坦率地讲，最重要的是，此人学会了退一步路会更宽的做人道理。

漫漫人生路，有时退一步是为了踏越千重山，或是为了冲破万里浪；有时低一低头，更是为了昂扬成擎天柱，也是为了响成惊天动地的风雷；退步是为了更好地进步。

第二章 水之积也不厚，则其负大舟也无力
——庄子原来这样说成事之道

敢于正视自己的不足

【原典】

汝不知夫螳螂乎？怒其臂以当车辙，不知其不胜任也，是其才之美者也。戒之慎之，积伐而美者以犯之，几矣！汝不知夫养虎者乎？

【古句新解】

你不了解那螳螂吗？奋起它的臂膀去阻挡滚动的车轮，不明白自己的力量全然不能胜任，还自以为才高智盛很有力量，警惕呀！谨慎呀！经常夸耀自己的聪明才智而触犯了他人就危险了！你不了解那养虎的人吗？

你能做什么？会做什么？是对自己的最好诘问，一个人要是总不愿看到自己的短处，自不量力地做一些举动，是会吃大亏的。

自我品评

敢于承认自己的不足，这是一种期待成长的勇气，每个人都有长有短，真正看清这一点，不仅需要你有一双明亮的眼睛，也需要你有一颗透明的心。生活中你会时常觉得自己在很多地方不如别人。

比如在家务上，不如勤劳能干的主妇；在工作上，不如善于察颜观色的同事；在处理人际关系上，甚至不如未成年的少年；在新知识

的运用与掌握上，不及年轻人的迅速灵敏；碰到复杂事物，又缺乏长辈的精明练达、长袖善舞；最糟的是遇到紧急情况缺乏应变能力，反应迟钝，甚至明明稳操胜券的事情，却偏偏输得干干净净。

某人也许会洋洋自得地对你说：你不用和我吵，你根本吵不过我，你吵你准输。想想也确实如此，口讷的人，碰到情急的事情，往往张口结舌，而且失却判断，根本忘记事情的核心点及对方理论的关键，莫名其妙地被对方的声势所压倒，真是窝囊。这就印证了一句话：会拉有被，会说有理。世上原是有是非的，却还得看你怎么说、和谁说。

调子放得最低最低，心态修炼得最静最静，经历了几番风雨几轮挫折，渐渐地，就会明白了，一个人不可能处处胜于人。有得必有失，样样齐全了，你也许会遭到更大的、意料不到的天灾人祸。就像小病小灾缠绵一生的人，往往安享天年，而无病无痛、大红大紫的人常常遽祸忽至，防不胜防。命运往往是无常的，做什么事都要留有余地。

其实，从另一种角度来说，敢于正视自己的不足，也是某种程度上的自信。只有敢于正视自己，才能胜于人。天外有天，楼外有楼，一个人怎能时时处处胜过所有的人呢？每个人都有自己的优点与优势，也都有自己的缺点与短处，扬长避短才是明智，拿自己最不擅长的柔弱之处去硬碰别人修炼得最拿手的看家本领，其结果就可想而知了。

人虽有各种潜能与优势，但你不可能在所有地方都有机会发挥出来，你只能在一个地方用足你的力气，在你没有用力气的地方，在你无暇顾及的地方，你必然不如那些在这地方用足力气的人。你的精力有限，机遇也有限，因此，你能如人的地方肯定很少很少，而不如人的地方绝对很多很多。人往往难得糊涂，也难得明白，只有真正的明白，才能使你的人生更上一层楼。

第二章 水之积也不厚，则其负大舟也无力
——庄子原来这样说成事之道

舍小我成就大我

【原典】

故田成子有乎盗贼之名，而身处尧舜之安。

【古句新解】

所以田成子虽有盗贼的名声，但自己仍处在尧舜一样安稳的地位。

自我品评

庄子认为田成子虽有不好的名声，但他却有稳固的地位，用自己的小我成就了自身的大我，实乃明智之举。

成功有的时候需要的是结果，而不是过程。这就犹如人跳高跳远，退几步助跑一段才能跳得又高又远。成功者不会在意小得小失，他们追求的往往是最后的结果，只有成功才是他们最终的真实目标。

公元616年，李渊被诏封为太原留守，北方的突厥用数万兵马多次冲击太原城池。李渊遣部将王康达率千余人出战，几乎全军覆灭。后来巧使疑兵之计，才勉强吓跑了突厥兵。出乎意料的是在突厥的支持和庇护下，郭子和等纷纷起兵闹事，李渊防不胜防，随时都有被隋炀帝借口失职而杀头的危险。

许多人认为李渊当时是内外交困，必然会奋起反击，与突厥决一

死战。不料李渊竟派遣谋士刘文静为特使,向突厥屈节称臣,并愿把金银珠宝统统送给始毕可汗。

李渊为什么这么做呢?原来李渊根据天下大势,已决定起兵反隋。要起兵成大气候,太原虽是一个军事重镇,但不是理想的发家基地,必须西入关中,方能号令天下。西入关中,太原又是李唐大军万万不可丢失的根据地。那么用什么办法才能保住太原,顺利西进,才是关键。

当时李渊手下兵将不过三四万人马,即使全部屯驻太原,也要一边应付突厥的随时出没,同时又要追剿有突厥撑腰的四周盗寇,这已是捉襟见肘,而现在要进伐关中,显然不能留下重兵把守。唯一的办法是采取和亲政策,让突厥"坐受宝货",因此李渊不惜俯首称臣。

李渊舍小我成就大我的计划获得了很好的效果。始毕可汗果然与李渊修好。后来,李渊派李世民出马,未费多大力气便收复了太原。而且,由于李渊甘于让步,还得到了突厥的不少资助。始毕可汗一路上送给李渊不少马匹及士兵,李渊又乘机购来许多马匹,这不仅为李渊拥有一支战斗力极强的骑兵奠定了基础,而且因为汉人素惧突厥兵英勇善战,李渊军中有突厥骑兵,自然平空增加了声势。

李渊这种舍小我成就大我的做法虽然从名誉和物质方面处于暂时的不利,但在当时的情况下,不失为一种明智的策略,它使弱小的李家军既平安地保住后方根据地,又顺利地西行打进了关中。如果再把眼光放远一点看,突厥在后来又不得不向唐求和称臣,这种牺牲是九牛一毛了。

生活中也是如此,无论是工作还是日常生活,暂时放下个人恩怨,以愉快的心去面对烦恼的事,日子会轻松许多,或许你的曾经放弃会给你带来超乎想象的结果。

在拥有中学会放弃

【原典】

掊斗折衡，而民不争。

【古句新解】

烧掉符、毁掉印，而百姓就会朴实单纯。

自我品评

庄子认为只有将外在的制约去除，人们才能恢复到原来的本质。人往往习惯拥有、爱好拥有，觉得拥有是最踏实与安全的。人们不想放弃，觉得放弃就会有损失，迷失自己。其实则不然，放弃，并不意味着消失与失败。像下围棋一样，小的利益虽然放弃了，得到的却是更大的利益。

要想获得，首先就要懂得去放弃。汉代司马相如所著《谏猎书》有云："明者远见于未萌而智者避危于未形。"放弃是一种智慧，也是一种理性的抉择。

岛村芳雄出生在日本一个贫困的乡村，年轻时背井离乡到东京谋生，在一家材料店当店员，每月薪金只有 1.8 万日元，还要养活母亲和三个弟妹，因此生活非常拮据。

岛村想自立门户创业，但资金问题一直困扰着他。于是，他选定一家银行作为目标，一次又一次地提出贷款申请，希望人家大发善心。前后经过3个月，到了第69次时，对方终于被他那百折不挠的精神所感动，答应贷给他100万日元，当亲朋好友知道他获得银行贷款时，也纷纷帮忙，这样，岛村又借到了100万日元。于是他辞去店员的工作，成立丸芳商会，开始了贩卖绳索的业务。为了打开市场，岛村想出了"先予后取"的方法：

首先，他由麻产地冈山以0.5日元的价钱大量买进45厘米长的麻绳，然后按原价卖给东京一带的纸袋厂。这样做，不但无利润，反而损失了若干运费和业务费。生意虽然亏了本，但"岛村的绳索确实便宜"的名声远播，订货单从各地像雪片一样飞来。

于是，岛村按计划采取积极的行动。他拿着进货单据到订货客户处诉苦："到现在为止，我是一毛钱也没赚你的。如果让我继续为你们这么服务的话，我便只有破产一条路可走了。"客户为他的诚实做法深受感动，心甘情愿地把每条麻绳的订货价格提高为0.55日元。

然后，他又到冈山找麻绳厂商商量："您卖给我一条绳索0.5日元，我是一直照原价卖给别人的，因此才得到现在这么多的订单，如果这种无利而赔本的生意继续做下去的话，我只有关门倒闭了。"

冈山的厂商一看他开给客户的收据存根，也都大吃一惊，这样甘愿不赚钱做生意的人，他们生平头一次遇见，于是不假思索，一口答应将单价降到每条0.45日元。

这样，一条绳索可赚0.10日元，按当时他每天的交货量1000万条算，一天的利润就有100万日元。

可见，在拥有中学会放弃，有时可以带来更大的收获。所以说不要在关键时刻前怕狼后怕虎，由于舍不得放弃而最终大失败。

拿破仑在滑铁卢大战中，大雨造成的泥泞道路使炮兵移动不便。拿破仑不甘心放弃最拿手的炮兵，而如果推拖延间，对方增援部队有可能先于自己的援军赶到，那样后果不堪设想。然而，在踌躇之间，几个小时过去了，对方援军赶到。结果，战场形势迅速扭转，拿破仑

第二章 水之积也不厚，则其负大舟也无力
——庄子原来这样说成事之道

遭到了惨痛的失败，并且从此一蹶不振。

拿破仑的失败向世人证明：在人生紧要处，在决定前途和命运的关键时刻，不能犹豫不决，徘徊彷徨，而必须明于决断，敢于放弃。卓越的军事家总是在最重要的主战场上集中优势兵力，全力以赴去争取胜利，而甘愿在不重要的战场上做些舍弃和牺牲，坦然接受次要战场上的损失和耻辱。

同样，在人生的战场，我们也必须学会放弃，而倾注自己的时间和精力于主战场上，不必计较次要战场的得失与荣辱。就算"鱼"与"熊掌"同等重要，在只可取一件时，也必须要放弃另一件。

不要怕选择错误，因为错误常常是正确的先导，它会教我们逐渐学会放弃。现实中，我们也应学会在拥有时敢于放弃。学会可以为了一棵树而放弃整个森林，这也许便是另一种珍惜。未来是不可知的，而对眼前的这一切，我们还来得及把握，我们还可以在无限中珍惜这些有限的事物！

人生，也就是在这种放弃与珍惜之中得到升华的。

在我们的生命中难免会长出一些杂草，侵蚀我们美丽丰富的人生花园，搞乱我们幸福家园的田地。我们要学会对这些杂草的铲除和放弃。放弃不适合自己的职业，放弃异化扭曲自己的职位，放弃暴露你的弱点缺陷的环境和工作，放弃实权虚名，放弃人事的纷争，放弃变了味的友谊，放弃失败的恋爱，放弃破裂的婚姻，放弃没有意义的交际应酬，放弃坏的情绪，放弃偏见恶习，放弃不必要的忙碌压力……

只有懂得放弃和敢于放弃才有机会，同真正有益于自己的人和事亲近，才会获得自己想要的东西。我们才能在人生的土地上播下良种，致力于有价值的耕种，最终收获丰硕的果实，在人生的花园采摘到美丽的花朵。

懂得在拥有中放弃，需要你的智慧与勇气，只有放弃丢掉你不值得带的包袱，才可以简洁轻松地上阵，人生的旅途才会更加愉快，事业才会更加辉煌。

在机遇面前要敢于取舍

【原典】

上诚好知而无道，则天下大乱矣！

【古句新解】

君主一心追求圣知而不遵从大道，那么天下就一定会大乱了！

自我品评

庄子认为君主如果想拥有天下，必须在圣知和大道之间做出选择，懂得取舍，才能真正地坐拥天下。

随着IT产业迅速兴起，开创了微软帝国的比尔·盖茨已成为人们心目中了不起的英雄，特别是他在机遇面前敢于选择和放弃的勇气更让许多青年人佩服不已。"雅虎"公司的创始人杨致远，就是在比尔·盖茨成功之路的感召下成长并取得成功的青年人。

1998年，这是"雅虎"公司发展史上最为辉煌的一年。"雅虎"网站的日平均点击量超过7000万次，"雅虎"成为世界最知名的品牌网站之一，同年9月，"雅虎"公司市值达到将近250亿美元，市盈率达到41.6%。在同一时期，这令信息产业界一枝独秀的"龙头老大"微软公司的市盈率相形见绌，同时也创造了连续两年进入"福布斯"

第二章 水之积也不厚，则其负大舟也无力
——庄子原来这样说成事之道

（Forbes）排名前500家企业的惊人纪录。

然而，四年前"雅虎"产业的全部内容还只是杨致远一台电脑中的网络资料搜索手册而已。

"雅虎"公司的成立充满了戏剧性。1993年底，正在美国斯坦福大学电机研究所攻读电机工程博士学位的杨致远，开始率先使用全球网络来协助自己科研项目的完成。但在复杂网络的使用当中，他和课题组同学大卫·费洛都觉得目前的国际网络内容包含非常广泛，但是要找一个相关题目往往需要耗费很多时间。

因此，他们便想，如果能编写一套可供搜寻的软件，有系统和分门别类地将所有资料加以组织，那么使用网络资料时便会很方便，所花费的时间也会大大减少。于是，经过一段时间的酝酿，从1994年开始，年仅25岁的杨致远便时常利用一台名为"睹"（AKEBONO：日本有名的美裔相扑手名字）的电脑，借助学校的工作站，着手在互联网上发布自己编写的网络搜索软件，并开始建立属于自己的"雅虎"网站。

"雅虎"（Yahoo）一词，源自英国作家斯威富特的小说《格列佛游记》中一群野人的名字。至于为何以此来命名自己的公司，杨致远说："我是从一本旅游手册中看到这个名词的，我们觉得'雅虎'这个词代表了那些既无经验，又无教育的现代社会中的外来游客，与我们这群初涉IT业的电脑人非常相近，所以，我们就用了'雅虎'（Yahoo）一词来作为这个网站和相关软件的名称了。"

由于"雅虎"网站及其软件的内容生动有趣，集中了一些当下热点话题和文化焦点问题，加之它所收集并公布的资料分类详细，网民们很快发现并喜欢上了这个网站，许多网友纷纷进入斯坦福大学电机系的工作站，来使用这套软件。但是，校方的正常科研秩序开始受到干扰，许多利用网络才能实现的科研项目无法正常展开。为此，校方大为恼火，毫不留情地将他们的代理服务器"请"出了学校网站。为此，杨致远开始积极寻找其他潜在的合作者和投资者。

他来到美国西部的"硅谷"地区，抱着碰运气的心理找到当时成功的企业家、国际购物网络的创始人亚当斯。当亚当斯看完杨致远的求助计划和关于"雅虎"网站及相关软件的文字说明后，立即被它吸引住了。

凭借多年的经营经验，亚当斯断定这将是一个具有巨大潜力的开发项目。因此，他不仅帮助"雅虎"网站横空出世，还将"雅虎"公司介绍给硅谷的风险投资公司"硅谷高科技投资风险公司"，由这家公司直接协助运作"雅虎"公司的全部上市工作。

此时，杨致远与费洛一致认为，在这个推出自己公司及软件的黄金时机，继续开发"雅虎"公司的商业潜力及其软件工作，要比最后完成博士研究的全部课程更为重要。于是，他们毅然放弃即将获得的博士学位，携手成立了"雅虎"（Yahoo）软件公司。就这样，在IT产业的巨子中，除了早期放弃大学学业的比尔·盖茨、史蒂夫·鲍尔默之外，又多了杨致远和费洛，他们虽然都暂时放弃了自己的学业，但同样在自己的领域内开拓了无比成功的事业。

成功的人往往有一双锐利的眼睛，在机遇面前能抓住稍纵即逝的关键时刻，及时取舍，凭借这一新的决策改变他们未来的整个人生，使他们的事业如朝阳一样永远不落。

转个"弯"做事

【原典】

逐万物而不反，是穷响以声，形与影竞走也，悲夫！

【古句新解】

（惠施）追逐万物而不能返本归真，这是用声音来止住回响，用形体避开影子而加速跑离，真可悲呀！

自我品评

庄子认为惠施之所以最后无所收获是因为只知追逐而不知归真。如果你的前方遇到了阻力，要静下心来转个弯，寻求解决的方法是最好的选择。

当你所要坚持的迟迟等不到结果的时候，不如转个弯，换一种方法来做事，这也是人生的一种大智慧，要知道转个弯来寻找生路。

心理学家做过一个实验：将一条饥饿的鳄鱼和一些小鱼放在一个水箱的两端，中间用一块透明的玻璃板隔开，刚开始，鳄鱼毫不犹豫地向小鱼发动进攻，它失败了。但毫不气馁，接着，它又向小鱼发动第二次更猛烈的进攻，它又失败了，并且受了伤。它还要进攻，第三次、第四次……多次进攻无功后它再也不进攻了。这时候，心理学家将隔板拿开，鳄鱼仍然一动不动。它只是无奈地看着那些小鱼在自己的眼皮底下悠闲地游来游去。它放弃了所有努力，最终活活饿死。

马嘉鱼很漂亮，银肤燕尾大眼睛，平时生活在深海中，春夏之交溯流产卵，随着海潮漂游到浅海。渔人捕捉马嘉鱼的方法挺简单：用一个孔目粗疏的竹帘，下端系上铁，放入水中，由两只小艇拖着，拦截鱼群。马嘉鱼的"个性"很强，不爱转弯，即使闯入罗网之中也不会停止。所以一条条"前赴后继"地冲入竹帘孔中，帘孔随之紧缩。孔愈紧，马嘉鱼愈激怒，瞪起鱼眼，张开脊鳍，更加拼命地往前冲，结果被牢牢卡死，为渔人所获。

一只蝴蝶从敞开的窗户飞进来，在房间里一圈又一圈地飞舞，有些惊惶失措。显然，它迷路了，左冲右突努力了好多次，都没能飞出房子。这只蝴蝶之所以无法从原路飞出去，原因是它总在房间顶部的空间寻找出路，总不肯往低处飞，那低一点的位置就是敞开的窗户。甚至有好几次，它都飞到高于窗户顶部至多两三寸的位置了，可就是不肯再飞低一点！最终，这只不肯低飞一点的蝴蝶耗尽了气力，气息奄奄地落在桌子上，就像一片毫无生气的叶子。

或许这些都是些很平常的故事，但是告诉我们的却往往是人生的大道理。生活中常常有这样的人：他们一边抱怨人生的路越走越窄，看不到成功的希望；而同时却又因循守旧、不思改变，习惯在老路上继续走下去。

适时放弃，是要我们懂得放弃需因时而异，不要拘于一格。死脑子一根筋，那样不仅于事无补，而且自己也会活得焦头烂额。

第二章 水之积也不厚，则其负大舟也无力
——庄子原来这样说成事之道

低头是为了更好地抬头

【原典】

忠谏不听，蹲循勿争。

【古句新解】

忠诚劝谏不被接纳，就应退到一旁不要再诤谏。

自我品评

庄子认为作为忠臣当自己的劝谏不被采纳时，就不要据理力争，否则，有可能会招致杀身之祸。人都有软弱的一面，当自己的力量不足以使对方慑服，就应该适时低一下头，然后再伺机争取。古人有一句很有见地的处世格言：人在屋檐下，不得不低头。它教给了人们在屋檐下要忍耐一时之辱，但同时这句话也显得有些无奈和勉强。若想真正成就一番事业，则不如改为"一定要低头"为好。

"不得不低头"显然是充满了无奈、勉强、不心甘情愿，是一种与自我的自由意志相冲突的行为，这种行为暂时还能为自己所忍受，但长期这样下去，那心理上怎能承受得了？不如我们顺其自然，承认"在人面前一定要低头"这一人性原则，而愉快接受之并欣然行之，这样于自己的自由心灵造不成压力；没有痛苦的感受，而是充满着欢乐

的心情去适应社会，去寻找生存之道，这样岂不更好。

"虎落平阳被犬欺，龙游浅水受虾戏"。同理，在别人屋檐下，无论你是强者还是弱者，此时你都是客人而不是主人，所谓的"屋檐"也就是别人的势力范围，处于别人的势力范围内，你稍有抬头，便有被碰着的危险。你随时面对着别人挑剔的眼光。随时都有可能被人排挤、打击，甚至消灭掉，强出头和抬头都是没出路的。

这一点刘邦做得最好。在鸿门宴上，刘邦深知自己的处境不利，清楚地看到"人在屋檐下"，所以从宴会的开始到结束都一直低着头行事，始终把自己的身份贬得极低而把项羽抬得极高，称他为大王，又称赞他大仁大义。这样，在项羽的内心已渐渐对这位"臣子"产生了同情和怜悯之情，从而放松了对刘邦的警惕，这样，刘邦终于赢得了逃脱的时机，为以后打败项羽奠定了基础。

对于弱者来说，"在人屋檐下，一定要低头"，这已是毋庸置疑的，那么对于强者来说有没有必要在人屋檐下，一定要低头呢？

假若你作为一名强者，而且是势力远远超过对方时，也就是对方的力量与自己比起来显得弱小时，这时一旦进入对方的势力范围是可能会因为面子问题而不愿"低头"。其实，你的这种思维错了。你忽略了一个问题，就是人具有本能地排斥"非我族"的本性。一旦你这样做了，他们表面上会害怕你的威力而不敢反抗，但内心深处，他们会与你产生不良的抵触情绪，这对于你以后的发展不利。试想，难道你能确保你永远是强者吗？所以最明智的做法不如给对方以"礼"，这样，你既不失面子，又使对方觉得你有绅士风度。

假如你的对手是一位与你实力相当的同伴时，你更要谨慎行事，切不可有一点马虎和麻痹的态度，毕竟，你俩的实力相当。若此时这种关系处理得不好，很可能激怒对方，而使得他成为你的竞争对手或潜在的竞争对手。记住，千万不可激怒对方，也千万别伤害对方的自尊心。这时，你最好的办法就是动之以情，晓之以理和"礼"，在他的势力范围内主动提出和他合作，希望对方多多关照的要求。这样，你

第二章 水之积也不厚,则其负大舟也无力
——庄子原来这样说成事之道

首先满足了他的自尊心,给了他面子,又给了物质利益,这样他会考虑与你合作的。为了自己的长远利益,他不会置你于背后而不管的,毕竟他也知道有一天会走入你的势力范围的。总之,不论作为强者和弱者在别人的屋檐下时,你一定要低头,主动地与对方保持一定的合作和默契,而不能丝毫表现出一点无奈和勉强,也不能靠别人的提醒才去低头,这样会有以下好处:

首先,不会因为自己不情愿低头而碰破了头。屋檐是客观存在的,阻力也是客观存在的,无论你承认不承认它,不论你看到没看到它,它都会存在的,只有你自觉地顺其自然,才不致被碰破了,才可顺利地通过对方的势力范围。

其次,因为你很自然地低下了头,而不会成为对方注意的目标。凡是强出头或抬头而横冲直撞者都会引起对方的高度警觉,而你一旦成了对方的注意目标时,你的前进阻力将会增加很大,所以这样的结局是得不偿失的。

再次,你不会因为沉不住气而一怒之下发誓要拆掉对方的"屋檐",要知道,不管拆掉不拆掉你都会耗费自己的精力的。

最后,不会因为你的脖子太酸\忍受不了这种气而离开"屋檐"。离开并非不可以,但此时此刻你正需要这个屋檐,为了争口气而去挨雨淋,值得吗?淋雨不要紧,感冒了怎么办?况且当你离开时万一后悔,再想返回时,那就是很不容易的事啦!

总之,"在人屋檐下,一定要低头"的目的是为了让自己与环境有和谐的关系。即所谓低头是为了更好地抬头,把你和对方的摩擦降低到最小程度,从而减少你前进的阻力,也是为了保存你自己的实力,以便获得更长远的利益。当然,这也是为了把目前不利于你的环境转化为对你有利的因素,这一思维就是以柔克刚,做到刚柔相济的思维。

放弃也是一种洒脱

【原典】

其形化，其心与之然，可不谓大哀乎？

【古句新解】

人的形体逐渐枯竭衰老，而人的精神又困缚于其中随之消毁，这能不算是莫大的悲哀吗？

自我品评

庄子认为如果人的形体衰老，而人的精神却又被困其中，不知自拔，这是很悲哀的，所以做人不要太死板，要懂得放弃，这样人才能活得有精神有快乐。

面对生活所带给我们的困境，如果不能放弃、不能放手，就会使自己深陷在无法自拔的困境之中。这些看似无解、凝滞的痛苦与困境，往往就在我们懂得了放弃和放手的艺术与智能之后，豁然开朗。生命于是向你展现出另外一个截然不同的景致和场面。

有个年轻的建筑师一直苦恼自己无法突破前辈们出色的建筑设计，他只能跟在大师后面亦步亦趋，这使他感到十分沮丧。

于是，他暂时告别了自己热爱的工作，带上所有的积蓄准备游览全世界的著名建筑。当他跋山涉水走过了一个又一个城市，游览了一

第二章 水之积也不厚，则其负大舟也无力
——庄子原来这样说成事之道

个又一个国家的雄伟建筑，最后来到一座无与伦比的辉煌建筑——闻名世界的泰姬陵时，他被这绝无仅有的建筑迷住了。他的灵感顿时泉涌般喷泄而出，他完成了一个又一个出色的建筑设计。他成了知名度颇高的建筑设计师。

因为热爱才放弃，当思路被阻塞时，暂时放弃，换一种方式寻求另一种突破。

对于曾经热爱的过去，当我们为之竭尽全力之后，有时选择洒脱地放弃而不是苦苦支撑到力不从心，也许是一种真正的热爱。

希尔·西尔弗斯坦在《失去的部件》一书中讲述了这样一个故事：

一个圆环失去了一个部件，于是它旋转着去寻找这个部件。因缺少这个部件，它只能非常缓慢地滚动，这样它就有机会欣赏沿途的鲜花，并可以与阳光对话，同蝴蝶吟唱，和地上的小虫聊天……这些都是它完整无缺、快速滚动时所无法注意、没能享受到的。

有一天，这个圆环终于找到了丢失的那个部件，它很高兴，又开始滚动起来。可是，因为完整，滚得太快，它失去了所有的朋友，不再能从容地赏花，也没有机会聊天，一切都变得稍纵即逝……这个圆环最后在一片草地上丢下了那个找到的部件，又成为一个有缺陷但快乐的圆环。

也许，有人认为缺损是非常痛苦的，然而从另一个角度来审视它，也许是一件好事，放弃你曾经拥有但却不能带给你快乐的东西，即使成为一种缺陷，但那也是一种美丽。

适时放手,重获机遇

【原典】

言与齐不齐也,故曰无言。

【古句新解】

主观言论跟客观同一的自然之理不能谐和一致,所以虽然有言可发却不如不发。

自我品评

庄子认为当一个人的言论迷失了自然本性,说了却似没有说,那就不如不说。生活中,如果你发现自己所做的事即使已经非常努力,仍达不到自己想要的结果,那就应该换一种方法,适时而变。

对于未来每一个人都有一个目标,当你确定了目标以后,下一步便是鉴定自己的目标,或者说鉴定自己所希望达到的领域。如果需要改变,就必须考虑到改变后是什么样子;如果你决定解决某一问题,就必须考虑到解决问题时可能遇到的困难是什么。

当描述了理想的目标以后,你必须研究一下达到该目标所需的时间、财力、人力的花费是多少,你的选择、途径和方法只有经过检验,方能估量出目标的现实性。你或许会发现自己的目标是可行的,否则,

第二章 水之积也不厚，则其负大舟也无力
——庄子原来这样说成事之道

你就要量力而行，修改自己的目标。有许多满怀雄心壮志的人毅力很坚强，但是由于不敢进行新的尝试，因而无法成功。请你坚持你的目标吧，不要犹豫不前，但也不能太生硬，不知变通。如果你确实感到行不通的话，就尝试另一种方式吧。

如果你想成为一个百折不挠、牢牢掌握住目标的人，下面有两个建议对你或许有所帮助。

1.告诉自己"总会有别的办法可以办到"。每年有几千家新公司获准成立，可是5年以后，只有一小部分仍在继续营运。那些半路退出的人会这么说："竞争实在是太激烈了，只好退出为妙。"真正的关键在于他们遭遇障碍时，只想到失败，因此才会失败。你如果认为困难无法解决，就会真的找不到出路。因此一定要拒绝"无能为力"的想法。

2.先停下，然后再重新开始。不要钻进牛角尖而不知自拔，要找出新的解决方法。成功者的秘诀是随时检视自己的选择是否有偏差，合理地调整目标，放弃无谓的固执，轻松地走向成功。

一个非常干练的推销员，他的年薪有六位数字。很少有人知道他原来是历史系毕业的，在干推销员之前还教过书。这位成功的推销员这样回忆他前半生的道路："事实上我是个很没趣的老师。由于我的课很沉闷，学生个个都坐不住，所以，我讲什么他们都听不进去。我之所以是没趣的老师，是因为我已厌烦教书生涯，毫无兴趣可言，但这种厌烦感却在不知不觉中也影响到学生的情绪。最后，校方终于不与我续约了，理由是我与学生无法沟通；其实，我是被校方免职的。当时，我非常气愤，所以痛下决心，走出校园去闯一番事业。就这样，我才找到推销员这份胜任并且愉快的工作。

"真是'塞翁失马，焉知非福。'如果我不被解聘，也就不会振作起来！基本上，我是很懒散的人，整天都病恹恹的。校方的解聘正好惊醒我的懒散之梦，因此，到现在为止，我还是很庆幸自己当时被人家解雇了。要是没有这番挫折，我也不可能奋发图强起来，而闯出今

天这个局面。"

坚持是一种良好的品性，但不适合每一件事，有时过度的坚持，会导致更大的浪费。

历史上的永动机，就使很多人投入了毕生的精力，浪费了大量的人力物力。因此，在一些没有胜算把握和科学根据的前提下，应该见好就收，知难而退。有人认为：如果没有成功的希望，屡屡试验是愚蠢的、毫无益处的。

诺贝尔奖得主莱纳斯·波林说："一个好的研究者知道应该发挥哪些构想，而哪些构想应该丢弃，否则，会浪费很多时间在差劲的构想上。"有些事情，你虽然做了很大的努力，但你迟早要发现自己处于一个进退两难的地位，你所走的研究路线也许只是一条死胡同。这时候，最明智的选择就是抽身退出，去研究别的项目，寻找成功的机会。

在人生的每一个关键时刻，审慎地运用智慧，做最正确的判断，选择正确方向，同时别忘了及时检查选择的角度，适时调整。放弃不必要的固执。审时度势地做出正确抉择。以此引导你走在通往成功的坦途上。

有的人失败，不是没有本事，而是定错了目标，成功者为避免失败，时刻检查目标是否合乎实际、合乎道德。

阿尔弗莱德·福勒出身于贫苦的农场工人家庭，成年后，他虽然努力却失去了三份工作。之后，他尝试推销刷子，他立刻明白了，他喜欢这种工作。他将思想集中于从事世界上最好的销售工作。

他成了一个成功的销售员。在攀登成功阶梯时，他又定下一个目标：创办自己的公司。如果他能经营买卖，这个目标就会十分适合他的个性。阿尔弗莱德·福勒停止了为别人销售刷子。这时他比过去任何时候都更为兴高采烈。他在晚上制造自己的刷子，第二天就出售。销售额开始上升时，他就在一所旧棚房里租下一个房间，雇用一名助手，为他制造刷子。他本人则集中精力于销售。那个最初失去了三份工作的人得到了什么样的最终结果呢？福勒制刷公司拥有几千名销售员和数百万美元的年收入!

目标,是成功人士的起点。没有目标,就没有动力,但这个目标必须是合理的,即合乎实际情况和客观规律,合乎社会道德的,如果不是,那么,即使你再有能力,千百倍努力,也不会获得成功。人生只有懂得适时放开不可能成功的事情,才能重获机遇,赢得成功的可能。

第三章 天地与我并生,而万物与我为一
——庄子原来这样说自我认知

庄子认为,人应清楚地认识自己,才能在生活中游刃有余。每一个人都很难认清自我,所以面对外来的种种评价,往往对自己会产生怀疑,失掉自我本性,随波逐流,将真我埋没。人都是独一无二的,没有谁可以代替谁,关键是你是否保持了自我。

识人先识己

【原典】

今夫斄牛，其大若垂天之云，此能为大矣，而不能执鼠。

【古句新解】

看那斄牛，庞大的身子像遮盖天空的云气，有本领，但不能捕鼠。

自我品评

认识自己很重要，无论是在平凡的工作中，还是在令人羡慕的岗位上，都离不开"认真"二字。成大事者，都是从点点滴滴的事情做起，从自己的小位置上耕耘收获以达完善，到最后自己撑起一片蓝天。

不论你的职位是什么，高与低、轻与重，你成功的关键就是找准自己的位置，所言所行与自己的位置相符相宜，并且让你的领导知道你、肯定你和认可你。在任何单位或部门里工作，找准自己的位置很重要，应根据职位的轻重采取不同的处事方式。职位重要，一般说明你已得到了领导的器重，可以尽可能地在主管领导所辖范围内施展才干。如果职位较轻，则说明你尚未被领导重用，一言一行还须谨慎从事，一方面要尽力表现自己；另一方面要学会悠着点儿，别表现得过头而成为"出头的椽子"，那样可能会引来嫉妒和反感，使自己陷进人际关系的危机之中，最后使自己毁于"木秀于林，风必摧之"之中。这对有才干的人来说，是应该引以为戒的。

如何才算得体呢？

首先，自己工作要很称职。单位里的主管领导如何知道你干什么工作，并对你有较高的评价？大多数人都认为，领导眼睛是雪亮的，如果表现好、工作好，迟早会传到领导耳中的。实际情况往往不是这样，很可能你工作相当出色，可领导根本不知道，这也是常有的事。深谙此道的人总是设法使自己很称职，设法让别人看到自己的工作，得到一个工作干得好的名声。上级领导往往把这样的人看作是崭露头角的优秀人才和单位里的能人。

其次，千万不可"才高震主"。即不要对你的顶头领导构成威胁。如某个秘书或办事员，年轻聪明，能言善辩，在众人之中脱颖而出。他很有能力，工作起来似乎永不疲倦，可是，最后他发现自己所有的努力都遭到顶头领导的阻挠、破坏和打击。这种情况往往是因为你的领导受到了你的才华的威胁，所以总是和你找别扭、不合作。在这种情况下，本应使你显现出自身价值的那些特性反而有可能对你不利。你越能干、越出色，你的领导就越会觉得是一种威胁，也就越发使你无法得到较快的提升。

面对忙碌紧张的现代生活，面对自己、认识自己尤为重要。

亚瑟·吉士博士说过："没有两个人的生活遭遇是完全相同的，每个人均有他独特的生活遭遇。"的确，每个人的生活遭遇都是独一无二的。尽管构成人体的基本因素相同，但我们每个人的生命都很奇妙地形成一道独特的风景。

要想迈向成熟，我们首先得了解并接受这个事实，因为这是我们与他人沟通的基础。除非我们真正把他人视为一个个独立的个体，正如我们本身的情形一样，否则，我们很难与他们建立起有意义的关系来。

怎样才能使我们认识到自己的独特性，这里有两点建议来帮助你

第三章 天地与我并生，而万物与我为一
——庄子原来这样说自我认知

改善自己：

1. 要有独处时间，整理思绪

对同一件事情不同的人通常有不同的处理方法。有人喜欢在人群拥挤的街道上，在熙熙攘攘的人群中沉思，这种方法，可以使人达到忘我的境界，从而想出许多解决问题的方法来；有人喜欢接触大自然，或者到花园里走走，或者只是坐在窗旁偶尔眺望窗外的蓝天或树木，让身心得到彻底的放松；有些人也许比较喜欢静室独处，或用其他自我隔离的方式。总之，每天抽一小段时间出来，独处沉思，才能使你在生活中游刃有余。

2. 打破习惯的束缚，寻找新的空间

我们习惯于把自己束缚在习以为常的无聊事务里，以至于在里面窒息还不自知。周围更有不少人几乎每天都在不断重复相同的行为，生命也因此变得无聊、麻木、程序化而没有丝毫的波澜。因此，打破通常不好的习惯束缚，生活才会五彩缤纷。

人生畅行无阻的境界

【原典】

是以圣人和之以是非而休乎天钧，是之谓两行。

【古句新解】

所以圣人把是与非混同起来，悠然自得地生活在自然而又均衡的境界里，这就叫做物与我各得其所，自行发展。

自我品评

庄子认为圣人能够各自秉持自己的观点，自行发展不受他人影响，每个人都有每个人的长处，所以凡人也应如此，活出自我，才是真生活。每个人来到这个世界上都是独立的个体，每个人有每个人的故事，大家生活在不同的地域空间，过着各自的生活，每个人在世界的存活都是独一无二的。正如，别人的一切都不属于你，只有你自己劳作出来的东西才真正属于你。因此，凡事没有必要去比较，体现自我价值最好。

有这样一个故事。

国王的御橱里有两只罐子，一只是陶的，另一只是铁的。骄傲的铁罐瞧不起陶罐，常常奚落它。

第三章 天地与我并生，而万物与我为一
——庄子原来这样说自我认知

"你敢碰我吗？陶罐兄弟。"铁罐傲慢地问。

"不敢，铁罐兄弟。"谦虚的陶罐回答说。

"我就知道你不敢，懦弱的东西！"铁罐说着，显出了更加轻蔑的神色。

"我确实不敢碰你，但不能叫做懦弱。"陶罐争辩说，"我们生来的任务就是盛东西，并不是来互相撞碰的。在完成我们的本职任务方面，我不见得比你差。再说……"

"住嘴！"铁罐愤怒地说，"你怎么敢和我相提并论！你等着吧，要不了几天，你就会破成碎片，消灭了，我却永远在这里，什么也不怕。"

"何必这样说呢，"陶罐说，"我们还是和睦相处的好，吵什么呢！"

"和你在一起我感到羞耻，你算什么东西！"铁罐说，"我们走着瞧吧，总有一天，我要把你碰成碎片！"陶罐不再理会铁罐。

时间过去了，世界上发生了许多事情，王朝覆灭了，宫殿倒塌了，两只罐子被遗落在荒凉的场地上。历史在它们的上面积满了渣滓和尘土，一个世纪连着一个世纪。

许多年以后的一天，人们来到这里，掘开厚厚的堆积，发现了那只陶罐。

"哟，这里头有一只罐子！"一个人惊讶地说。

"真的，一只陶罐！"其他的人说，都高兴地跳了起来。

大家把陶罐捧起，把它身上的泥土刷掉，擦洗干净，和当年在御橱里的时候完全一样，朴素、美观、毫光可鉴。

"一只多美的陶罐！"一个人说，"小心点，千万别把它弄破了，这是古代的东西，很有价值的。"

"谢谢你们！"陶罐兴奋地说，"我的兄弟铁罐就在我的旁边，请你们把它掘出来吧，它一定闷得够受的了。"

人们立即动手，翻来覆去，把土都掘遍了。但，一点铁罐的影子

也没有。铁罐，不知道在什么年代，已经完全氧化，早就无踪无影了。

陶罐和铁罐的结局是不一样的，虽然它们都是用来盛东西，但铁罐总是生活在攀比之中，令自己的生活充满愤怨和烦恼，而陶罐却能谦虚而盈，消遥自在。

生活中，更不乏这样的例子。有一位爱攀比的妻子对丈夫说："我们绝对不能输给别人，你看你的同事小林，职位也不比你高，因此他有什么我们也一定要有。你知不知道他家中最近又新添了什么？"

丈夫回答："他最近换了一套新家具。"

太太说："那我们也要换套新家具。"

丈夫又说："他最近买了一辆新车。"

于是太太又说："那你也应该马上买一辆啊！"

丈夫接着又告诉太太："小林他最近……最近……算了！我不想说了。"

太太马上追问："为什么不说，怕比不过人家呀！快点说下去。"

丈夫便小声地跟妻子说："小林他最近换了一个年轻漂亮的妻子。"

太太接着说："那你也……"

在生活中，普通存在着互相攀比的现象，这种现象是由于人们爱慕虚荣的心理在作怪而产生的。每个人都有每个人的价值，适当的比较可以找到自身的不足，但什么都要比较，人就失去了生活的乐趣。同样每个人都有每个人的特色，活出自己的风采，才会真正快乐，找到自己的位置。

深入理解、领会那无穷的大道，游乐于那开初寂静无物的境域，承受自然本性，而从不表露从不自得，这也就达到了空明的心境。

第三章 天地与我并生，而万物与我为一
——庄子原来这样说自我认知

认清自我价值

【原典】

今子有五石之瓠，何不虑以为大樽而浮乎江湖？

【古句新解】

现在你有五石容量的葫芦，为什么就没想到把它做成大舟而浮游于江湖之上？

自我品评

惠子认为太大的葫芦没有什么用处，便把它打碎了，而庄子则认为可以将葫芦做成大舟在湖上泛游，找到了葫芦的价值。每个人都有其存在的价值，问题是自己想成为什么、自己想做什么，这些关系一个人毕生事业成败的各个要件，必须要与一个人到底适合做什么相结合。

因为只有了解自己到底适合做什么，并朝此方向去努力，自己的人生观和价值观才会变得明确。如此一来，不论现状多么悲惨，遭遇到多大的困难，也不会迷失自己努力的方向，才能重新站立起来。

有一句话说得好："有了爱好才能做得精巧。"因为能对自己热衷的工作使出全力，脑袋中闪过一个接一个精彩的点子，而这些强烈的

热情及信念促使行动产生，就能够扎实地步上成功之道。相反的，抱有"这工作真无聊，不适合我"的想法，心不甘情不愿去做事的话，将永远都无法成功，结果终其一生都无法找到由工作而产生的生存价值。

美国国会议员艾尔默·汤玛士，年轻时家中很穷，因衣服破烂不合身而深觉尴尬，他说："我15岁时，实在长得比别人高了，而且瘦得像支竹竿。除了身材比别人高之外，在棒球或赛跑各方面都不如人。他们常取笑我，我也不喜欢见任何人。

"如果我任由烦恼与恐惧在头脑中盘踞下去，我可能一辈子都无法翻身。一天24小时，我随时为自己的高瘦自怜，其他的事也不能想，我的尴尬与惧怕实在无法用文字来形容。我的母亲了解我的感受，她曾做过学校教师。她告诉我：'儿子，你得去受教育，既然你的体能状况如此，你只有靠智力谋生'。"

于是父母把他送进大学，而一切生活自理，没有经济来源，甚至没有一套合体的衣服，这使他更加自卑。但不久以后的一件事，却带给他勇气、希望，让他认清了自我的价值，改变了他的人生之路。

在他入学八周后，通过一项考试，得到一份三级证书，可以到乡下的公立学校授课。虽然证书有效期只有半年，但是这是除了他母亲以外，第一次证明别人对他的信心。

后来一个乡下学校以一天2美元或月薪40美元的薪资聘请他去教书，这更增加了他的信心。

领到第一张支票，他就到服装店购买了一套称心的服装。现在即使有人给他一百万，其兴奋程度也不及穿上第一套新衣服时的一半。

而他生命中的转折点是参加集会上的演讲比赛。对他来说，那当然是天方夜谭。母亲对他的期望增强了他参加比赛的信念，其结果他这样说："完全出乎意料的，我竟然得了冠军，我太吃惊了！群众开始欢呼，一些以前取笑我的男孩们跑来拍我的背说：'我早知道你能办到的！'我母亲紧紧拥抱我。当我回顾我的人生，看得出来那次演说

第三章 天地与我并生，而万物与我为一
——庄子原来这样说自我认知

得奖确实是我人生的转折点。当地一家报纸以头版位置刊登我的故事，而且看好我的未来。赢得演说优胜使我在本地得到肯定，更重要的是，它使我的自信倍增，也提升了我的士气，开拓我的视野，并让我认识到我拥有一些从不敢想象的才能。"

后来，艾尔默·冯玛士成为了美国国会议员。

天生我才必有用，找到自我价值去创造社会价值，才会有快乐的人生之旅。一位心理学家为了实地了解人们对于同一件事情在心理上所反映出来的个别差异，对正在建筑大教堂的敲石工人做访问进行研究。心理学家问他所遇到的第一位工人："请问你在做什么？"

工人没好气地回答："在做什么？你没看到吗？我正在用这个重得要命的铁锤来敲碎这些该死的石头。而这些石头又特别硬，害得我的手酸麻不已，这真不是人干的工作。"

心理学家又继续找到第二位工人，问他："请问你在做什么？"第二位工人无奈地答道："为了每天的工资，我才做这样的工作，若不是为了一家的温饱，谁愿意干这份敲石头的粗活。"

心理学家又去问第三位工人："请问你在做什么？"

第三位工人眼睛中闪烁着喜悦的神采说："我正参与兴建这座雄伟华丽的大教堂。落成之后，这里可以容纳许多人来做礼拜。虽然敲石头的工作并不轻松，但当我想到，将来会有无数的人来到这儿，再次接受上帝的爱，心中便常为这份工作献上感恩。"

积极思考正如这位工人所传达的，凡事在他看来，都是好得不能再好。一对老夫妇省吃俭用地将四个孩子抚养长大，在他们结婚五十周年的时候，拥有极佳收入的孩子们，商议着要送给父母什么样的金婚礼物。

由于老夫妇喜欢携手到海边享受夕阳余晖，孩子们决定送给父母最豪华的爱之船旅游航程，好让老两口尽情徜徉于大海的旖旎风光之中。

老夫妇带着头等舱的船票登上豪华游轮，可以容纳数千人的大船

令他们赞叹不已。而船上更有游泳池、豪华夜总会、电影院等等，令他们俩感到无限惊讶。美中不足的是，各项豪华设施的费用皆十分昂贵，节俭的老夫妇盘算自己不多的旅费，细想之下，实在舍不得轻易去消费。他们只在头等舱中安享五星级的套房设备，或流连在甲板上，欣赏海面的风光。

幸好他们怕船上伙食不合胃口，随身带着一箱方便面，既然吃不起船上豪华餐厅的精致餐饮，只好以方便面充饥，间或想变换口味吃吃西餐，便到船上的商店买些西点面包和牛奶。

到了航程的最后一夜，老先生想想，若回到家后，亲友邻居问起船上餐饮如何，自己竟答不上来，也是说不过去。于是狠下心来，决定在晚餐时间到船上餐厅用餐，反正是最后一餐，明天即是航程的终点，也不怕宠坏了自己。

在音乐及烛光的烘托之下，欢度金婚纪念的老夫妇仿佛回到初恋时的快乐。在举杯畅饮的笑声中，用餐时间已近尾声，老先生意犹未尽地招来侍者结账。侍者这时很有礼貌地对他说："能不能让我看一看您的船票？"

老先生闻言不由得生气，"我又不是偷渡上船的，吃顿饭还得看船票？"嘟囔中，他拿出了船票。

侍者接过船票，拿出笔来，在船票背面的许多空格中划去一格。同时惊讶地问："老先生，您上船以后，从未消费过吗？"

老先生更是生气，"我消不消费，关你什么事？"

侍者耐心地将船票递过去，解释道："这是头等舱的船票，航程中船上所有的消费项目，包括餐饮、夜总会以及其他活动，都已经包括在船票内，您每次消费只需出示船票，由我们在背后空格注销即可。"

老夫妇想起航程中每天所吃的方便面，而明天即将下船，不禁相对默然。在我们出生的那一刻，你是否已然想过，上天已经将最好的头等舱船票交给了你，使你可以在物质上、心灵上，享有最豪华的待

第三章 天地与我并生，而万物与我为一
——庄子原来这样说自我认知

遇，只要你愿意出示船票。更重要的是，千万不要浪费了你的头等舱船票。

当然也有许多人终其一生，只是过着犹如借方便面充饥一般的生活。这并非是他们不曾拥有头等舱船票，而是他们未曾想到去使用，或根本不晓得船票的价值。甚至当有人好意提醒时，还会像那位老先生一样大发雷霆。

当你明白自己的价值是何等的无穷，你就懂得应如何灵巧运用自己的船票，但不要忘了顺便扮演侍者的角色，提醒你的朋友、孩子也能够清楚地掌握自己的伟大价值。可不要像老夫妇的孩子们一样，只给了头等舱船票，而未告知其用途。

认清自我价值，正确运用头等舱船票，您就会拥有最豪华的人生旅程。

做人要做自己

【原典】

且夫待鉤绳规矩而正者，是削其性也。

【古句新解】

等待曲尺、墨线、圆规、角尺来校正事物形态的，是损伤事物本性的行为。

自我品评

庄子认为做人应该做自己，不要被所谓的墨线、圆规、角尺来束缚自己的手脚。自己应有自己的发展空间，善于发现自己的长处，才能活得有价值。

庄子有一个"不必羡慕他人"的故事：

独脚兽夔羡慕那多脚的蚿，蚿羡慕那无脚的蛇，蛇羡慕那风，风羡慕那眼睛，眼睛羡慕那心灵。

夔对蚿说："我用一只脚跳着行走，没有谁比我更简便的了，你用一万只脚行走，到底是怎样的呢？"

蚿回答说："我启动自然机能而行走，自己也不知道为什么能够这样。"

第三章 天地与我并生，而万物与我为一
——庄子原来这样说自我认知

蚿对蛇说："我用很多脚行走，还不如你没有脚走得快，为什么呢？"

蛇说："我依靠天生的机能而动作，哪里用得着脚呢！"

蛇又对风说："我运动背椎和腰肋行走，你呼呼地从北海刮起来，又呼呼地吹入南海，好像没有形迹，为什么呢？"

风说："我能折断大树，吹飞大屋，在细小方面不求胜利，而求得更大的胜利。获得大的胜利，只有圣人才能够做到。"夔羡慕蚿，蚿又羡慕蛇，蛇又羡慕风，风羡慕眼睛，眼睛羡慕心灵。它们彼此互相羡慕，却不知自身是最好的。何必与他人相比，让他人抹去属于自己的光环，不如给自己一个空间，让自己活得轻松快乐。

有一个人，他的手上有一只玉环，他的朋友每次看到他，都对他手上那只晶莹剔透的玉环发出啧啧称赞，并对它仔细端详把玩，又往往是接上一句大惊小怪："怎么？镶一截K金，难道有瑕疵？"然后就可看到一副透着无限怅然的惋惜面孔。逢此镜头，这个人总会不厌其烦、千篇一律地解释："不小心碰裂了，为了补拙，唯有包金一途，土则土矣，但总胜过折断啊！"

这个人在十多年前，与它初次相遇时，曾被那翠绿光泽深深吸引，爱不释手，为了所费不赀的售价，好不容易才痛下决心，把它带回家当纪念品，从此长系于手，视为珍物。自从有了它之后，他每天行走动作都格外仔细小心，唯恐一个不小心留下任何伤痕。而这份美丽无瑕的完美，曾经令人艳羡、夸赞，也成了他一个美丽的负担。虽然如此这般小心翼翼地呵护它、珍爱它，但在一次美国之行最后一顿晚餐之际，这个人却因倦乏之极，一个大意撞上乐园的门柱，只听"铿"的一声，玉环断裂，留下了不可弥补的缺憾。

几年来，他已习惯了那样的称赞、好奇与疑问，并且渐渐了然世间种种完美的不可强求。

有一个人，她从小就是模范生，从来就是拿第一的"乖乖牌"，从小到大，在学业、演讲、做事方面永远都独占鳌头，旁人难以匹敌；

她任教高中，在教学、带领学生方面，也是处处在人之上；她已习惯这种"人上人"的情势，为了永远高高在上，她只有永不停息地督促自己拼命往前，她比旁人付出更多的努力，几乎是走火入魔，也因此煎熬在高处不胜寒的冷漠孤独里而不自觉。一年、两年、数年的压抑累积，终于在教学的第十个年头正当要领教育部颁发的奖章之际，她已不胜负荷各种承受不住的自我期许而病倒了，一场忧郁症，让她住进了医院。她自己一路行来抱持着如此的追求完美、逞强好胜的求全心，到最后竟找不到自己，丢失了快乐。

人生一世，活着是为了什么？不是为了别人的称誉，也不是为了效仿他人，而是活出自己，亮出属于自己的本色。你拥有独一无二的个性，才成就你独特的事业，活出属于自己的快乐。

正如庄子所言，用太多的标准来衡量自己，实际上是对自我的一种抹杀。标准越多则束缚越多，人越容易失去本性的自我。

第三章 天地与我并生，而万物与我为一
——庄子原来这样说自我认知

不要被旁人的话迷失自己

【原典】

世俗之所谓然而然之，所谓善而善之，则不谓之道谀之人也。

【古句新解】

世俗上所认为是的就认为是，所认为对的就认为对，却不称他们为谄谀的人。

自我品评

庄子认为无论世人对你的所作所为是何等的评价，那只是世俗人的想法，他们善于给人归类，不一定正确。每一个人都应有自己的想法，别人认为不正确、不可能的未必不是真理，只有坚持自己的想法，才能活出一个真正的自我，找到一条属于自己的路。

剑桥郡的世界第一名女性打击乐独奏家伊芙琳·格兰妮说："从一开始我就决定，一定不要让其他人的观点浇灭我成为一名音乐家的热情。"她出生在苏格兰东北部的一个农场，8岁时开始学习钢琴。随着年龄的增长，她对音乐的热情与日俱增。但不幸的是，她的听力却在渐渐地下降，医生们断定是由于难以康复的神经损伤造成的，而且断定到12岁，她将彻底耳聋。可是，她对音乐的追求却从未停止过。

她想成为打击乐独奏家，为了演奏，她学会了用不同的方法"聆听"其他人演奏的音乐。演奏时她只穿着长袜，这样她就能通过她的身体和想象感觉到每个音符的震动，她几乎用她所有的感官来感受着她的整个声音世界。

她想成为一名音乐家，于是她向伦敦著名的皇家音乐学院提出了申请。她的演奏征服了所有的老师，破格成为该校第一个耳聋学生，并在毕业时荣获了学院的最高荣誉奖。

从那以后，她的目标就致力于成为第一位专职的打击乐独奏家，并且为打击乐独奏谱写和改编了很多乐章，因为那时几乎没有专为打击乐而谱写的乐谱。

至今，她作为独奏家已经有十几年的时间了，因为她很早就下定了决心，不会仅仅由于医生诊断她完全变聋而放弃追求，因为医生的诊断并不意味着她的热情和信心不会有结果。她用自己不懈追求的信念向世人展现了一个奇迹！

罗斯福总统的夫人曾向她的姨妈请教对别人不公正的批评有什么秘诀。她姨妈说："不要管别人怎么说，只要你自己心里知道你是对的就行了。"应对所有批评的唯一方法就是只管做你心里认为对的事——因为你反正是会受到批评的。自己认准的事情就无须理会别人的议论，坚信自己可以做到，努力前进就行了。

"不要被他人的论断束缚了自己前进的步伐。追随你的热情，追随你的心灵，它们将带你到你想要去的地方。"

有一个名叫奥齐的中年人，对世界各种重大问题都有自己的独特看法，如人工流产、计划生育、中东战争、水门事件、美国政治等等。每当自己的观点受到嘲讽时，他便感到十分沮丧。为了使自己的每一句话和每一个行动都能为每一个人所赞同，他花费了不少心思。他向别人谈起他同岳父的一次谈话。当时，他表示坚决赞成无痛致死法，而当他察觉到岳父不满地皱起眉头时，便几乎本能地立即修正了自己的观点："我刚才是说，一个神智清醒的人如果要求结束其生命，那

第三章 天地与我并生，而万物与我为一
——庄子原来这样说自我认知

么倒可以采取这种做法。"奥齐在注意到岳父表示同意的表情时，才稍稍松了一口气。

他在社会交往中，用改变自己的立场来博得他人的欢心，不能坚持自己的看法，人云亦云，又怎能开心。

我们在工作中常遇到这样的情况。领导让他的秘书看一篇报告写得如何。秘书看过后来汇报，说："我认为写得还不错。"领导摇了摇头。秘书赶快说："不过，也有一些问题。"领导又摇摇头。秘书说："问题也不算大。"领导又摇摇头。秘书说："问题主要是写得不太好，表述不清楚。"领导又摇摇头。秘书说："这些问题改改就会更好了。"领导还是摇头。秘书说："我建议退回这个报告。"这时领导说了句："这新衬衣的领子真不舒服。"

以得到别人的赞许为需要，就很难做到实事求是。如果你感到非要受到夸奖不行，并常常做出这种表示，那就没人会与你坦诚相见。同样，你不能明确地阐述自己在生活中的思想与感觉，你会为迎合他人的观点与喜好而放弃你的自我价值。生活中只要你做事，就会有反对意见，有批评。这是现实，是你为"生活"付出的代价，是一种完全无法避免的现象。所以，找到自己想做的事，并坚定不移地走下去，不为别人的意见所左右，这就是成功人士的不二法门。

生活中的甜言蜜语很多，中伤恶语也不少，学会保护自己，不要让自己迷失在他人的话语中，时刻保持头脑清醒，自在而活。

走自己的路，让他人说去

【原典】

吾所谓朋者，非谓其见彼也，自见而已矣。

【古句新解】

我所认为视觉的敏锐，并非是说能看清别人，而是在于能够看清自己罢了。

自我品评

庄子认为一个人最重要的不是去认知他人，而是看清自己。每个人身上都有独特的闪光点，问题在于你能不能发现，看清自己，走出自己的成功之路。

歌剧演员卡罗素美妙的歌声享誉全球。但当初他的父母希望他能当工程师，而他的老师对他的评价则是：他那副嗓子是不能唱歌的。

达尔文当年决定放弃行医时，遭到父亲的斥责："你放着正经事不干，整天只管打猎、捉狗捉耗子的。"另外，达尔文在自传上透露："小时候，所有的老师和长辈都认为我资质平庸，我与聪明是沾不上边的。"

沃特·迪斯尼当年被报社主编以缺乏创意的理由开除，创建迪斯尼

第三章 天地与我并生，而万物与我为一
——庄子原来这样说自我认知

乐园前也曾破产好几次。爱因斯坦4岁才会说话，7岁才会认字。老师给他的评语是："反应迟钝，不合群，满脑袋不切实际的幻想。"他曾遭到被迫退学的命运。牛顿在小学的成绩一团糟，曾被老师和同学称为"呆子"。

罗丹的父亲曾怨叹自己有个白痴儿子，在众人眼中，他曾是个前途无"亮"的学生，艺术学院考了三次还考不进去。

《战争与和平》的作者托尔斯泰读大学时因成绩太差而被劝退学。老师评价他："既没读书的头脑，又缺乏学习的兴趣。"

如果这些著名人士没有走自己的路，而是沉浸于他人的评价中，怎么能取得举世瞩目的成绩？

人生的成功包括功、名。但是，世界上却永远没有绝对的第一。看过马拉多纳踢球的人，还想一身臭汗地在足球队里混吗？听过帕瓦罗蒂的歌声的人，还想修练美声唱法吗？其实，如果总是担心自己比不上别人，只想功成名就，那么世界上也就没有曹雪芹、帕瓦罗蒂、马拉多纳这类人了。

生活中，每一个人都有展示自己的机会。那些每天一早来到公园练武打拳、练健美操、跳迪斯科的人，那些只要有空就练习书法绘画、设计剪裁服装和唱戏奏乐的人，根本不在意别人对他们的姿态和成果品头论足，也不会因没人叫好或有人挑剔就停止练习、情绪消沉。他们的主要目的不在于当众展示、参赛获奖，而是自得其乐、自有收益。满足自己对生活美和艺术美的渴求。走自己的路，让别人去评说吧，只要自己活得快乐，又何必去在乎他人的眼光。

命运掌握在自己手中

【原典】

独有之人，是谓至贵。

【古句新解】

具有这样独立精神的人，就可称之为至高无上的贵人。

自我品评

庄子认为人不应该让外物困扰，要做就做一个独立的人。

天下无论多少条路，都靠自己走，别人永远无法替代你，而命运只能靠自己把握，只有自己才是自己命运的主人。

古代有这样一个笑话：一个衙门的差役，奉命解送一个犯了罪的和尚，临行前，他怕自己丢失东西，就编了个顺口溜："包袱雨伞枷，文书和尚我。"在路上，他一边走，一边念叨这两句话，总是怕在哪儿不小心把东西丢一件，回去交不了差。和尚看他有些发呆，就在停下来吃饭时，用酒把他灌醉了，然后给他剃了个光头，又把自己脖子上的枷锁拿过来套在他的身上，自己溜之大吉了。差役酒醒后，总感到少了点什么，可包袱、雨伞、文书都在，摸摸自己脖子，枷锁也在，又摸摸自己的头，是个光头，说明和尚也没丢，可他还是觉得少了点

第三章 天地与我并生，而万物与我为一
——庄子原来这样说自我认知

啥，念着顺口溜一对照，他大惊失色："我哪里去了，怎么没有我了？"

是啊，什么都没丢，却将自己弄丢了，虽为笑话，却也让人深思。亨利曾经说过："我是命运的主人，我主宰我的心灵。"做人应该做自己的主人，应该主宰自己的命运，不能把自己交付给别人。生活中有的人却不能主宰自己，有的人把自己交付给了金钱，成了金钱的奴隶，有的人为了权力，成了权力的俘虏，有的人经不住生活中各种挫折与困难的考验，把自己交给了上帝。

做自己的主人，就不能成为金钱的奴隶，不能成为权力的俘虏，要不失自我，在各种诱惑面前保持自己的本色，否则便会丢失自己。过于热衷于追求外物者，最终可能会如愿以偿，但却会像故事中的差役一样把最重要的一样给丢了，那就是自己。

我们有权利决定生活中该做什么，不能由别人来代做决定，更不能让别人来左右我们的意志，而自己却成了傀儡。其实，只有自己最了解自己，别人并不见得比自己高明多少，也不会比自己更了解自身实力，只有自己的决定才是最好的。

我们应该做命运的主人，不能任由命运摆布自己。像莫扎特、梵高生前都没有受到命运的公平待遇，但他们没有屈服于命运，没有向命运低头，他们向命运挑战，并最终战胜了它，成了自己的主人，成了命运的主宰者。

挪威大剧作家易卜生有句名言说："人的第一天职是什么？答案很简单：做自己。"是的，做人首先要做自己，首先要认清自己，把握自己的命运，实现自己的人生价值，这样，才是真正的自己。

打造属于自己的品牌

【原典】

无己,恶乎得有!

【古句新解】

不限于个我,怎么专注形象而不能解脱。

自我品评

庄子认为人以自我为中心时,才会专注于自身形象,换句话说,每个人都有各自的特点,以自己独有的个性存活于社会之中,因此也就有用于社会,所以每个人都应有自己独立的品牌。

商品的好与坏,需要牌子来分清,好的商品会有好的品牌,人也一样,要想突出自我,就要打造好属于自己的品牌。

应如何打造你的品牌?有两个做法。

首先是消极的不要使你的"品牌"变坏,简单地说,就是不要让人对你的评语变坏,例如说你懒惰、投机、邪门、不忠、寡情、好斗、阴险……一旦你有了这些评语中的一项或多项,那么你被别人信赖的程度必定降低,虽然你事实上并不是那样的人,而在关键时刻,这些评语也有可能对你造成伤害。这种品牌印象要改变不太容易,就像我

第三章 天地与我并生，而万物与我为一
——庄子原来这样说自我认知

们买东西上当，以后就不信任那个品牌那般。而这些印象也常在无意间造成，人们也常常以"一次印象"来评价你这个人。因此做人做事必须特别小心，有时一有瑕疵，便一辈子也洗刷不清，商品可以换品牌，重新出击，人要改变他人的印象可不太容易。不过由于刻板印象和个人好恶，可能有一些人特别不欣赏你，并且尽挑你的毛病，有一二个这种人不足挂心，但如果很多人这样做，问题恐怕就不小了。

其次应积极地强化你的品牌，也就是透过各种方法，来塑造你在别人心目中的印象，就像商品做广告那样。人的品牌的广告有很多种做法，故意制造一些事件使自己成为新闻或同行的谈话资料是一种方法，但这不太容易，要做也得花不少心思，没"操作"好反而会弄巧成拙，因此并不鼓励你这么做。倒是有一些做法可达到同样的效果，也就是发挥长处，避免暴露短处，长处有目共睹，别人就不太在乎你无伤大雅的短处，例如工作能力强，但就是自私些，有些人就欣赏工作能力，并不在乎你的自私，好比家电产品耐用品质好，并不在乎耗电。于是，"工作能力强"就成为你的品牌，这个品牌是"吃喝不尽"的。

人的品牌就和商品的品牌一样，商品不偷工减料、价格实在，就能争取一定的消费者，建立相当程度的品牌；人也是一样，打造好属于自己的个人品牌，在成功的路上就会畅通无阻。

不要让生活之舟偏离你的航线

【原典】

是役人之役,适人不适,而不自适其适也。

【古句新解】

(像申徒狄)这样的人都被役使世人的人所役使,都是被安适世人的人所安适,而不是能使自己得到安适的人。

自我品评

庄子认为人容易随追他人,丧失自己,所以找不到快乐,生活之中人要想取得成功,就要做与众不同的自己。

做一个随波逐流的人,要比依照自己的鼓点节奏前进的人容易得多。要做到无论何时都能够把握住自我,不管大家现在都做些什么,有什么新的潮流,一定不要让生活的航线偏离你。

爱默生在他一篇谈自信的文章中曾经写道:"要成为一名顶天立地的男子汉,就必须不随波逐流。"当你在攀登顶峰时,你是站在某个"机构"的最上头;它可能是某个部门、某家工厂、某个公司。爱默生同时指出,那就是每个商界人士必须认识到的:"一个机构就是一个人加长的影子。"

第三章 天地与我并生，而万物与我为一
——庄子原来这样说自我认知

当然，许多人通常都会需要也很欢迎别人在他需要的时候伸出援手。在你攀登顶峰的路上，你不要拒绝别人的帮助，但要记住，从长远来看，你依然是自己那艘船的船长，掌舵的是你，而这艘船是驶向你要去的地方——你必须是发号施令的人。毕竟，你未必喜欢他人的目的地，你绝对不能随着他人的节拍起程。同样的，因为你未必喜欢他人那种音乐，牢记："付钱给风琴手的人才有资格点歌。"你必须信任你的直觉，判断什么是对的，什么是错的。当初哥伦布船上的船员都力促他返航，但他不为所动，继续他的航程。你必须学着培养"独立自主"的能力，建立属于自己的王国。

在你一路攀向顶峰时，当你环顾四周，很多时候会发现自己竟然是如此的孤独，就像人们所形容的："高处不胜寒"。你可能突然想到："我要依靠谁？我要与谁同行？谁会领着我走过艰辛的一程又一程？"

答案只能是：你自己。现在你一个人正步履蹒跚地朝着目标前进，而你所依恃的正是那份独立自主的能力。要不断努力去做你认为是对的事，那些你在内心里认定应该去做的事。

即使你发现自己是如此的孤独，如此的与众不同，你仍然应该为所当为。别人可能会要你向大家看齐，但想想看，如果大家都像是一个模子里刻出来的，那这个世界会是多么单调乏味。毕竟，在这个世界上，没有哪两个人的指纹是相同的，也没有哪两个人的声波是相同的，就连雪花也片片不同。

你所要遵守的规则就是：当你独自在事业以及生活的领域里站稳脚跟时，要确定你不会阻碍别人拥有相同的权利。让他们也保有他们的立足点，同时如果有必要，要让他们协助你保有你自己的立足点。

除了你自己之外，绝对没有一个人对你的命运操有最后的决定权。你敬重父母、朋友，但是你最亲密的友人是你自己。你要先和自己做朋友，要先敬重自己；在博得别人好感之前，先获得自己好感，你拥有的最大财富是你的自我心像——对自己的好印象；不管是谁，都不

能把它夺走。假如有人这样做，那是他固执己见，想要让你过他的生活，而非你自己的生活。

当然，你可以聆听父母、朋友的忠告，可是最终，要自己决定想做什么。在自己能力、知识范围之内，只要你想做的不会损害他人，那么，积极地向你的目标迈进，不要让任何人使你在旅程中转向；因为你必须坚守你的目标，你必须到达你的目的地。

你的目标和父母、朋友的目标是不相同的，你必须要做你觉得非做不可的事，那是你应该行使的权力。换句话说，要让自信帮助你而非反对你。要选择自己的事业，因为你相信它的发展。千万不要选择适应别人的事业，那是失败和苦恼的开端。做好属于自己的事业，开拓属于自己的天空，驶向属于自己的生活。

第三章 天地与我并生，而万物与我为一
——庄子原来这样说自我认知

演好属于自己的角色

【原典】

言者有言，其所言者特未定也。

【古句新解】

善辩的人议论纷纷，他们所说的话也不曾有定论。

自我品评

庄子认为善于辩论的人尽管在不停地说，但结果却仍没有定论，所以做人不要受别人的影响，因为别人也不知道具体结果怎样，你的未来又怎可交到这样人的手中，因此，做人还是做自己好。

莎士比亚有一句名言："世界是一个大舞台，每个人都扮演一个重要的角色。"一个人要在社会上取得成功，首先要确定自己在社会上的角色。

确定自己的角色就是要明确自己的人生目标，给自己在社会生活中定位。卡耐基曾经这样总结自己的教训：当我由密苏里州的乡下到纽约去的时候，我进了美国戏剧学院，希望能做一个演员。我当时有一个自以为非常聪明的想法一条到达成功的捷径，这个想法非常之简单，非常之完美，所以我不懂得为什么成千上万富有野心的人居然没有发现这一点。这个想法是这样的：我要去学当年那些有名的演员怎样演戏，学会他们的优点，然后把每一个人的长处学下来，使自己成为一个集所有优点于一身的名演员。多么愚蠢！多么荒谬！我居然浪费了很多时间去模仿别人，最后终于明白，我一定得维持本色，我不可能变成任何人。

这次痛苦的经验，应该能教给我长久难忘的一课才对，可是其实不然。我并没有学乖，我太笨了，希望那是所有关于公开演说的书本中最好的一本。在写那本书的时候，我又有了和以前演戏时一样的笨想法。我打算把很多其他作者的观念，都"借"过来放在那本书里——使那一本书能包罗万象。于是我去买了十几本有关公开演说的书，花了一年时间把它们的概念写进我的书里，可是最后我再一次地发现我又做了一件傻事：这种把别人的观念整个凑在一起而写成的东西非常做作，非常沉闷，没有一个人能够看得下。所以我把一年的心血都丢进了废纸篓里，整个的重新开始。这一回我对自己说，"你一定得维持你自己的本色，不论你的错误有多少，能力多么的有限，你都不可能变成别人。"于是我不再试着做其他所有人的综合体，而卷起我的袖子来，做了我最先就该做的那件事：我写了一本关于公开演说的教科书，完全以我自己的经验、观察，以一个演说家和一个演说教师的身份来写。

卡耐基取得了成功，是因为他终于明确了他自己的社会角色，从他自己的角度来从事社会活动。

人对自己社会角色的确定，一方面是自我评价，一方面是他人评价，同时也是由社会分工确定的。所以，人的社会角色也是在不断地发展变化的。每个人都要根据角色的发展变化，及时调整自己的心态，才能够在社交中受到欢迎，建立良好的人际关系。

现在有些人在台上的时候，很得意，一旦下了台，就灰溜溜地不知所为。相反，有些人自以为很能干却得不到领导的赏识，整天牢骚满腹，一生就在这种牢骚中度过。这些人都是不能正确面对自己的社

第三章 天地与我并生，而万物与我为一
——庄子原来这样说自我认知

会角色，难以进行正常的社交活动，导致人生失败。

其实，人对自己角色的认同，就能使人保持一个平常的心态，在自己的位置上，以自己的身份和能力，做好自己的事情，与周围的人建立友好的关系。明确了自己的角色，你才能在社会的舞台上成功地表现自己。

肯定自我，秉持本色

【原典】

夫随其成心而师之，谁独且无师乎？

【古句新解】

如果依据自己的成见作为判断的标准，那么谁没有一个标准呢？

自我品评

庄子认为每个人都有个人对事物的判断标准，不受他人影响。所以人应保持自我本色，不要人云亦云。

我们每个人都是世上独一无二的，你就是你自己，不要按照他人的眼光和标准来评判甚至约束自己，你无须总是效仿他人。保持自我本色，才能体味什么是真正的快乐。

我们每个人的生活面貌都是由自己塑造而成的，如果我们能学会接受自己，看清自己的长处，明白自己的短处，便能踏稳脚步，达到目标；这样就不至于浪费许多时间和精力，空留苦恼。

不能保持自己的本来面目，这一问题在人世间比比皆是。詹姆士·基尔奇博士认为："这是人性丛林中的一种普遍现象。"这也是造成许多人精神衰弱、精神异常或精神错乱的根源。

曾就儿童教育问题写过十多本书和上千篇报道的安格罗·派屈说

第三章 天地与我并生，而万物与我为一
——庄子原来这样说自我认知

道："当理想中的自我与现实中的自我不相一致时，那就是一种不幸。"这种现象在好莱坞比比皆是，著名导演山姆·伍德说过，他最头疼的就是让那些年轻演员如何秉持本色，他们只想变成三流的拉娜·透拉，或三流的克拉克·盖博，而"观众要的是另一种口味"。在执导《战地钟声》等名片之前，山姆·伍德从事过好几年的房地产生意，形成了自己的推销风格。他声称，拍电影和做买卖的原则是一样的，如果你一味模仿别人，就不能成功。"经验告诉我，"伍德说道，"不能表现出自我本色者注定要失败，而且失败得很快。"

欧文·柏林也曾给乔治·葛斯文提出过忠告。他们两人初识的时候，柏林已是位有名的作曲家，而葛斯文还是个每星期只赚35块钱的无名小子。柏林很赏识葛斯文的才华，愿意付3倍的价钱请葛斯文当音乐助理。"但是，你最好别接受这份工作。"柏林说，"如果你接受了，可能会变成一个二流的柏林，如果你秉持本色奋斗下去，你会是个一流的葛斯文。"葛斯文记下了柏林的忠告，果然成了美国当代著名的音乐家。

查理·卓别林开始拍电影的时候，导演要他模仿当时一个有名的德国喜剧演员。卓别林一直都显得并不出色，直到找出了属于自己的戏路。鲍勃·霍伯也有类似的经验，他花了好几年的时间唱唱跳跳，直到还原本来面目，并以其机智的妙语广受欢迎。基尼·欧屈一直想改掉自己的德州腔，穿着入时，像个城里人。他宣称来自纽约，别人却在背后笑话他。直到有一天他弹起斑琴，成为了牛仔明星和歌星。

上天安排你到世上，就已为你打造好了属于自己的个性，所以，坚信自己是世上独一无二的，应该把自己的禀赋发挥出来。据分析，所有的艺术家都是具有一些天赋的；你是什么就唱什么，是什么就画什么。经验、环境的遗传造就了你的面目，无论是好是坏，你都得耕耘自己的园地；无论是好是坏，你都得弹起生命中的琴弦。

爱默生在他的散文《自恃》中写道：每个人在受教育的过程当中，都会有一段时间确信：嫉妒是愚昧的，模仿只会毁了自己；每个人的好与坏都是自身的一部分；纵使宇宙间充满了美好的东西。但如果不

努力你什么也得不到；你内在的力量是独一无二的，只有你知道自己能做什么，但除非你真的去做，否则连你也不知道自己究竟能做什么。决定你是否能克服危机的不是你尺寸的大小——而在于一个最好的你！你不应当丢掉自己身上最好的东西，去盲目模仿别人，把自己变成别人的影子。

"要想成为真正的'人'，必须先是个不盲从因袭的人，你心灵的完整性是不可侵犯的……当我放弃自己的立场，而用别人的观点去看一件事的时候，错误便造成了……"这是爱默生所讲的名言。这对喜欢强调"由别人的观点看事情"以增进人际关系的人来说，无疑是一大震撼。也许，我们可以把爱默生的话做如下解释："要尽可能用他人的观点来看事情——但不可因此而失去自己的观点。"如成熟能带给你什么好处的话，那便是发现自己的信念及实现这些信念的勇气——无论遇到什么样的因素。

普林斯顿大学校长哈洛·达斯，对顺应群体与否的问题十分关注。他在1955年的学生毕业典礼上，以《超越盲从的重要性》的题目发表演说，指出："无论你受到的压力有多大，使你不得不改变自己去顺应环境，但只要你是个超越盲从而具有独立个性气质的人，便会发现，不管你如何尽力想用理性的方法向环境投降，你仍会失去自己所拥有的最珍贵的资产——自尊。想要维护自己的独立性，可以说是人类具有的神圣需求，是不愿当别人橡皮图章的尊严表现。盲从虽可一时得到某种情绪上的满足，却也时时会干扰你心灵的平静。"

达斯校长最后做了一个很深刻的结论。他指出："盲从是导致人生失去自我的危机因素之一，人们只有在找到自我的时候，才会明白自己为什么会到这个世界上来，要做些什么事，以后又要到什么地方去等这类问题。"

不能表现出自我本色者注定要失败，而且失败得很快。我们每个人都应肯定自我，秉持本色，相信自己是独一无二的，用自己的智慧完成属于自己的使命。

第四章
天地无为也而无不为也，人也孰能得无为
——庄子原来这样说快乐之道

庄子认为人的生活是否快乐，完全取决于个人对人、事、物的看法。蝉和斑鸠对大鹏的高飞不以为然，它们在自己的世界里寻找着快乐。当然，逍遥快乐不是让你无事可做，而是让你的心处于一种自由快乐的状态，忘掉那些所谓的世俗的烦恼，树立信心，做一个随风逍遥的人。

第四章 天地无为也而无不为也,人也孰能得无为
——庄子原来这样说快乐之道

心性旷达,不被世俗左右

【原典】

弃世则无累,无累则正平。

【古句新解】

舍弃了世俗就没有劳累,没有劳累就会心正气平。

自我品评

庄子说:"弃世则无累,无累则正平。"他告诉我们如果摒弃了世俗之气,人就不会感到苦累,从而心性平和。

现实中有不少庄子式的人物,他们乐观、豁达、心地坦然。他们蔑视权贵、淡泊名利,不被世俗所左右,善于享受真正的生活,善于发掘蕴藏在生活中的无穷快乐。他们之所以总是充满着幸福和快乐,也许正是由于他们总是忙于从事各种最快乐的工作——他们那富有的心灵总是充满着创造的活力。

同样,如果我们对工作、对事业高度热爱,就不仅能喜爱自己有兴趣的事,而且能喜爱自己不得不做的事,等于一辈子都生活在幸福的天堂中。一家报纸曾举办一次有奖征答,题目是:"在这个世界上谁最快乐?"获奖的答案是:正从事着自己喜爱的工作的人,是

最快乐的。求乐与事业非但不矛盾,而且是和谐统一的。对工作有乐趣,可以得到快乐,事业成功了,可以得到更大的快乐。正如埃及著名作家艾尼斯·曼苏尔所说:"事业成功本身,便是一种最大的快乐、最大的幸福、最大的力量。"因此,我们追求事业成功,就是追求最大的快乐。

很久以前,为了开辟新的街道,伦敦拆除了许多陈旧的楼房。然而新路却久久没能开工,旧楼房的废墟晾在那里,任凭日晒雨淋。有一天,一群自然科学家来到这里,他们发现,在这一片多年未见天日的旧地基上,这些日子里因为接触了春天的阳光雨露,竟长出了一片野花野草。

奇怪的是,其中有一些花草却是在英国从来没有见过的,它们通常只生长在地中海沿岸国家。这些被拆除的楼房,大多都是在古罗马人沿着泰晤士河进攻英国的时候建造的。这些草的种籽多半就是那个时候被带到了这里,它们被压在沉重的石头砖瓦之下,一年又一年,几乎已经完全丧失了生存的机会。但令人感到意外的是,一旦它们见到阳光,就立刻恢复了勃勃生机,绽开了一朵朵美丽的鲜花。

其实,人的生命也是如此。一个人,不管他经受了多少打击,也不管他经历了多少苦难,一旦爱的阳光照耀在了他身上,他便能治愈创伤,便能获得希望,便能萌生出新的生机,哪怕是在荒凉恶劣的环境里,也依然能够放射出自己的光和热。荷马、贺拉斯、维吉尔、莫雷拉、莎士比亚、塞万提斯等等都是乐观豁达的人,在他们的伟大创造活动中洋溢着一种健康、宁静的快乐。

像这样心底快乐、本性宽厚的人还有路德、莫尔、培根、莱昂纳多·德·文西、拉法叶和米歇尔·安吉罗等等。这些名人之所以总是充满着幸福和快乐,不仅是由于他们总是忙于从事各种最快乐的工作,还有他们那种不被世俗所拖累的心态,因此他们那富有的心灵总是充满着创造的活力。

弥尔顿一生历尽无数的艰难困苦,但他始终乐观、爽朗。他的眼

第四章 天地无为也而无不为也，人也孰能得无为
——庄子原来这样说快乐之道

睛意外地瞎了，他的朋友背弃了他，他连遭凶险，"前途一片黑暗，令人毛骨悚然的危险声音在前面吼叫"，但弥尔顿一点也没有失去希望和信心，而是"振作起来，勇往直前"。

　　如果你的心性豁达、乐观，不为世俗所累，你就能够看到生活中光明的一面，即使在漆黑的夜晚，也知道星星仍在闪烁。一个心境健康的人，就会思想高洁，行为正派，就能自觉而坚决地摒弃肮脏的想法，不与邪恶者为伍。一个人既可能坚持错误、执迷不悟，也可能相反，这都取决于自己。这个世界是大家共同创造的，因此，它属于我们每一个人，而真正拥有这个世界的人，是那些热爱生活、拥有快乐的人。所以，只有那些摒弃世俗的人才真正懂得快乐。

唯有知足才能常乐

【原典】

注焉而不满,酌焉而不竭。

【古句新解】

(天然的府库)无论注入多少东西,它都不会满溢,无论取出多少东西,它也不会枯竭。

自我品评

庄子认为天然的府库是取之不尽、用之不完的,如果人的贪欲陷入其中,不能自拔,那他就只有等待沦陷。

老子在《道德经》中说:"祸莫大于不知足。"讲的是知足常乐的道理。孟子说:"养心莫善于寡欲;其为人也寡欲,虽有不存焉者,寡矣;其为人也多欲,虽有存焉者,寡矣。"说的也是知足常乐的道理。知足常乐,可以说为每个中国人所熟知,但在现实中又有几人能做到这一点呢?许多人聪明,但却不知足,贪心过重,为外物所役使,终日奔波于名利场中,抑郁沉闷,难以享受人生之乐。

知足者才能常乐。"人心不足蛇吞象",人的欲望是无止境的,如果任其膨胀,必将后患无穷。人有了贪欲,就永远不会满足,不满

第四章 天地无为也而无不为也，人也孰能得无为
——庄子原来这样说快乐之道

足，就会感到欠缺，高兴不起来。贝蒂·戴维斯在她的回忆录《孤独的生活》中曾写道："任何目标的达到，都不会带来满足，成功必会引出新的目标。正如吃下去的苹果都带有种子一样，这些都是永无止境的。"除非你真正懂得常乐的秘诀，否则将永远不会满足于自己所拥有的。

有一个人，偶然在地上捡到一张千元大钞，他得到这笔意外之财以后，总是低着头走路，希望还能有这样的运气。

久而久之，低头走路成了他的一种生活习惯。若干年后，据他自己统计，总共拾到纽扣近四万颗，针四万多根，钱则仅有几百块，可是他却成了一个严重驼背的人，而且在过去的几年中，他没有好好地去欣赏落日的绮丽、幼童的欢颜、大地的鸟语花香。

贪心的可怕之处，不仅在于摧毁有形的东西，而且能搅乱你的内心世界。你的自尊，你所遵循的原则，都可能在贪心面前垮掉。

人的不知足，往往由比较而来。同样，人要知足，也可以由比较得到。人的欲望是没有止境的，如果任由其膨胀，则会由此生出许多烦恼。如果能多看一下不如自己的人，和他们比一下，而不是一味地和比自己强的人比较，那么一切不平之心也许就会安宁。我们不妨抱持一种"比下有余"的人生态度去生活。

有个青年人常为自己的贫穷而牢骚满腹。

"你具有如此丰富的财富，为什么还发牢骚？"一位智者问他说。

"它到底在哪里？"青年人急切地问。

"你的一双眼睛，只要能给我你的一双眼睛，我就可以把你想得到的东西都给你。"

"不，我不能失去眼睛！"青年人回答。

"好，那么，让我要你的一双手吧！对此，我用一袋黄金作补偿。"智者又说。

"不，我也不能失去双手。"青年人焦急地说。

"既然有一双眼睛，你就可以学习；既然有一双手，你就可以劳

动。现在，你自己看到了吧，你有多么丰富的财富啊！"智者微笑着说道。

如果你想获得什么不妨看看自己拥有什么，生活中如能降低一些标准，退一步想一想，就能知足常乐。人应该认识到自己本来就是无所欠缺的，这就是最大的富有了。

真正的满足是内心的满足，而非物质的满足，物质是永远无法让人满足的。真正快乐的人知道什么是满足，因为只有在满足中才能体味什么是快乐。

第四章 天地无为也而无不为也，人也孰能得无为
——庄子原来这样说快乐之道

快乐是一种自我感觉

【原典】

不乐寿，不哀夭。

【古句新解】

不把长寿当成是快乐，不把夭折看成是悲哀。

自我品评

庄子认为不把长寿看成是一种快乐，不把夭折看成是悲哀，即快乐与悲伤都是来自于自身的感觉，源自你对事物的看法。生活中的快乐是自己去寻找的，面对别人认为可以快乐的事，而你却毫无兴趣，快乐又怎么粘上你？

人是需要享受生命的。无论你多忙，你总有时间选择两件事：快乐还是不快乐。早上你起床的时候，也许你自己还不晓得，不过你的确已选择了让自己快乐还是不快乐。

历史学家维尔·杜兰特希望在知识中寻找快乐，却只找到幻灭；他在旅行中寻找快乐，却只找到疲倦；他在财富中寻找快乐，却只找到纷乱忧虑；他在写作中寻找快乐，却只找到身心疲惫。有一天他看见一个女人坐在车站里等人，怀中抱着一个熟睡的婴儿。一个男人从火

车上走下来，走到那对母子身边，温柔地亲吻女人和她怀中的婴儿，小心翼翼地不敢惊醒他。然后这一家人开车走了，留下杜兰特深思地望着他们离去的方向。他猛然惊觉，原来日常生活中的一点一滴都蕴藏着快乐。

现实中，多数人一生中不见得有机会可以赢得大奖，如诺贝尔奖或奥斯卡奖，大奖总是颁发给少数精英分子的。从理论上来说，每个自由地区出生的孩子都有当上总统的机会，但是实际上大多数人都会失去这个机会。

不过每一个人都有机会得到生活的小奖。每一个人都有机会得到一个拥抱、一个亲吻，或者只是一个就在大门口的停车位！生活中到处都有小小的喜悦，也许只是一杯冰茶、一碗热汤，或是一轮美丽的落日。更大一点的单纯乐趣也不是没有，生而自由的喜悦就够你感激一生的了。这许许多多点点滴滴都值得我们细细去品味、去咀嚼。也就是这些小小的快乐，让每一个人的生命更可亲，更可眷恋。

如果生命的大奖落到你头上，务必心怀感激。但即使它们与你失之交臂，也无须嗟叹。尽情去享受生命的小奖吧！昨日的英雄只是今日的尘土，生命的大奖只是雪泥鸿爪，瞬间消逝，但是那些小小的喜悦却是日常生活中俯拾即是，无虞匮乏的。人生的大喜毕竟少有，可是只要你用心体味就可以发现，喜悦无处不在。

奥曼自己买得起劳力士手表和名牌服饰，开得起豪华跑车，也能够到私人小岛度假，却坦白承认她没有满足感，甚至有好友在旁她仍然感到寂寞。奥曼说："我已经比我梦想的还要富裕，可是我还是感到悲伤、空虚和茫然。钱财居然不等于快乐！我真的不知道什么东西才能带来快乐。"

像奥曼那样，为钱奋斗了大半辈子才悟出"有钱不一定快乐"道理的人不在少数。她如果肯在圣诞假期当中静下心来读读普拉格的《快乐是严肃的题目》这本书，她会感悟出，感恩之心是快乐的秘诀。

普拉格的书中引述了一个观点，就是人之所以不快乐，都是因为

第四章 天地无为也而无不为也，人也孰能得无为
——庄子原来这样说快乐之道

人本身出了问题，把有问题的部分修理好就行了。根据他的看法，不知感恩是造成不快乐的一大原因。特别是在布施礼物的"快乐假期"里，他提醒做父母的应该好好教导孩子知道感恩与满足。他认为："如果我们给孩子太多，让他们期望越来越大，就等于把他们快乐的能力给剥夺了。"他认为做父母、做长辈的有责任要求孩子们学会从心里说"谢谢"。

知足也是快乐的重要条件。心理学家说，人类不快乐的最大原因是欲望得不到满足、期望不得实现；而美国文化培养出来的普拉格则详细区分"欲望"与"期望"，他说虽然欲望也许有碍快乐，却是"美好人生"不可缺少和无法消除的成分；期望则是另一回事，例如，我们期望健康，但得付出代价。

普拉格举例说，某一天你发现身上长了个瘤，你心怀忐忑找医师检查。一个礼拜后，当听到良性瘤的诊断结果时，你会感到这一天是你一生中最快乐的一天。事实上，这一天和你怀疑身上有瘤的那一天一样，生理上的健康情形并没有改变，如今你却快乐得不得了，为什么？因为今天你并没有期望自己会很健康。所以你感觉不到快乐。

因此，应该"欲望"健康，但不应该"期望"健康！就好像人们不应期望人生当中许多事：求职口试顺利、投资策略成功，甚至所爱的人长命百岁。他说，如果我们分不清"欲望"和"期望"，我们便会感到"失望"。期望不得实现，不但会给我们带来痛苦，也会破坏我们的感激心。而感激心情是快乐的必要条件。所有快乐的人都心怀感激，不知感激的人不会快乐，期望越多，感激心就越少。

在期望获得满足的一刹那，你必须想到那绝不是必然的事，既然如此，感激之心会增加我们的愉悦，也会使我们将来不至于不快乐。

因此，快乐是一种发自内心的自我感觉，没有外物强加于你的快乐才是真正的快乐。

生活在快乐之中

【原典】

我决起而飞,枪榆枋而止,时则不至,而控于地而已矣。

【古句新解】

我们(蝉和斑鸠)什么时候愿意飞就一下飞起来,碰到榆树、枋树就停落在上边,有时力气不够,飞不到,落在地上就是了。

自我品评

生活中如果我们想的都是快乐的事情,我们就能快乐;如果我们想的都是悲观的事情,我们就会悲伤;如果我们想到一些可怕的情况,我们就会非常害怕;如果我们想到的是不好的念头,恐怕就不会安心;如果我们想的只有失败,我们就会失败;如果我们沉浸在自怜里,旁人也都会可怜我们。但这并不是要我们对于所有的困难都用盲目的乐天态度去看待。

美国著名导演罗维尔·汤马斯,在第一次世界大战中用影片记录了劳伦斯和他那支多姿多彩的阿拉伯军队,也记录了艾伦贝征服各地的经过。他那个穿插于影片中的演讲——"巴勒斯坦的艾伦贝与阿拉伯的劳伦斯",在伦敦和全世界引起极大轰动。伦敦的戏剧节因此顺延了六

第四章 天地无为也而无不为也，人也孰能得无为
——庄子原来这样说快乐之道

个礼拜，还安排他在卡文花园皇家影院演讲这些冒险故事，并放映他的影片。他在伦敦声名大噪，又四处游历了好几个国家。

随后，他用了两年的时间来筹备，准备拍摄一部在印度和阿富汗生活的纪录片。不幸的是一连串的时运不济使得他破产了。

从此以后，他不得不到街口的小餐馆去吃廉价的食物。要不是一位知名的画家——詹姆士·麦克贝借钱给他，他甚至连那点粗陋的食物也吃不到。当汤马斯面对庞大的债务而感到极度失望的时候，他很担心他目前的处境，可是他却不忧虑。他知道，如果他被霉运弄得垂头丧气的话，那么他在人们眼里就变得一文不值了，尤其是他的债权人。所以，他每天早上出去办事之前，都会买一朵花插在衣襟上，昂首阔步地走在牛津街上。积极而勇敢的生活态度使得他未被挫折击倒。对他而言，挫折是整个人生训练的一部分——是你要攀登高峰所必须经受的训练。

美国著名的心理学家哈德飞在他的著作《力量心理学》里，有这样一个实验。他写道："我请来三个人，用来实验心理对生理的影响，我们以握力计来度量。要他们在三种不同的情况下，尽全力抓紧握力计。在一般的清醒状态下，他们的平均握力是 101 磅。第二次实验则将他们催眠，并告诉他们，他们非常的虚弱。结果他们的平均握力只有 29 磅——还不到他们正常力量的 1/3。吃饭后再让这些人做第三次实验，并且告诉他们说他们非常强壮，结果他们的握力平均达到 142 磅。可见当他们在思想里很肯定自己有力量之后，他们的力量就增加了 50%。"由此可见，精神状态对我们自身力量有着令人难以置信的影响。

美国内战期间信仰疗法的创始人玛丽·贝克·艾迪曾有一段时间认为生命中只有疾病、愁苦和不幸。她的第一任丈夫在他们婚后不久便去世了，她的第二任丈夫又抛弃她，和一个有夫之妇私奔。她只有一个儿子，却由于贫病交加，使她不得不在儿子 8 岁那年就把他送给别人抚养。

发生在麻省安理市的一件事改变了她的命运。一个很冷的日子，她在走路时不小心滑倒了，摔倒在结冰的河上，昏了过去。由于她的脊椎受到了损伤，使她不停地痉挛，甚至连医生也认为她活不久了。医生们说：即使奇迹出现而使她活命，她也无法再行走了。躺在一张看来像是末日的床上，艾迪翻开她的《圣经》。她读到马太福音里的句子：有人用担架抬着一个瘫子到耶稣跟前，耶稣就对瘫子说：小子，放心吧，你的罪被赦免了……起来，拿着你的被褥回家去吧！而那人就站起来，回家去了。

　　这几句话使她觉得产生了一种力量，一种冥冥中赐给她的力量。她立刻下床，开始行走。艾太太说："这种经验就像引发牛顿灵感的那枚苹果一样，使我发现自己要怎样好起来，以及怎样使别人也能做到这一点。我可以很有信心地说，一切的原因就在你的思想，而一切的影响力都是内心的思想。"

　　生活中许多例证都表明我们内心的平静，来自生活所得到的快乐，并不在于我们在哪里，我们有什么，或者是什么人，与外在的条件并没有任何关系。思想的运用和思想本身，能把地狱造成天堂，也能把天堂造成地狱。

　　爱默生在他那篇叫做《自信》的文章结尾这样写道：一次政治上的胜利，收入的增加，病体的康复，或是久别好友的归来，或其他纯粹外在的事物，既能提高你的兴致，又让你觉得你眼前的日子是多么美好。千万不要去相信它，事情绝不会是这样的。除了你自己以外，没有别的人能带给你平静。

　　如果你被各种烦恼困扰到精神紧张不堪时，你可以创造自己的意志力，改变你的心境。这可能会多花一点力量，可是做法却非常简单。实用心理学家威廉·詹姆斯，曾经发表这样的理论："行动似乎是随着感觉而来，可是实际上，行动和感觉是同时发生的。如果我们使我们意志力控制下的行动规律化，也能够间接地使不在意志力控制下的感觉规律化。"这段话的意思是：我们不能单凭下定决心就能改变我们的

第四章 天地无为也而无不为也，人也孰能得无为
——庄子原来这样说快乐之道

情感，可是我们可以变化我们的动作，而当我们变化动作的时候，就自然而然地改变了我们的感觉。

同时他说"如果你感到不快乐，那么唯一能找到快乐的方法就是振奋精神，使行动和言词好像已经感觉到快乐的样子。"

这种办法是不是有用呢？在你不快乐时，不妨试一试：使你的脸上流露出很开心的笑容来，挺起胸膛，好好地深吸一口气，然后哼唱一首歌。你会很快地发现威廉·詹姆斯所说的是什么意思了——也就是说，当你的行为能够显出你快乐的时候，你就不可能再忧虑和颓丧下去了。

生活中的开心、快乐是自己创造出来的，就如庄子所说，鹏的快乐在于弃风九万里独自地翱翔，蝉和斑鸠的快乐在于能随起随落自由自在，你的快乐找到了吗？它就在你的生活之中等待你去挖掘。

人生不必强力苛求太多

【原典】

人之有所不得与，皆物之情也。

【古句新解】

许多事情是人所不能干预的，这都是事物变化的实情。

自我品评

庄子认为人的能力是有限的，所以面对无能为力的事情，不必强挂于心上，泰然处之，让快乐来主宰你的心灵。

快乐不是来自外在的物质和虚荣，也不是由大脑的反应来决定，而要靠自己内心的真实感受。

唐代著名的慧宗禅师讲经而云游各地。有一回，他临行前吩咐弟子看护好寺院的数十盆兰花。

弟子们深知禅师酷爱兰花，因此侍弄兰花非常殷勤。但一天深夜，狂风大作，暴雨如注。偏偏当晚弟子们一时疏忽，将兰花遗忘在了户外。第二天清晨，弟子们后悔不迭：眼前是倾倒的花架、破碎的花盆，棵棵兰花憔悴不堪，狼藉遍地。几天后，慧宗禅师返回寺院。众弟子忐忑不安地上前迎候，准备领受责罚。慧宗禅师得知原委后，不仅泰

第四章 天地无为也而无不为也，人也孰能得无为
——庄子原来这样说快乐之道

然自若，而且神态依然是那样平静安详。他宽慰弟子们说："当初，我不是为了生气而种兰花的。"

就是这么一句平淡无奇的话，使在场的弟子们听后，肃然起敬之余，更是如醍醐灌顶，顿时大彻大悟……

"我不是为了生气而种兰花的"，看似平淡的偈语里，暗寓了多少佛门玄机，又蕴含了多少人生智慧啊！现实生活中，无限制增长的欲望、不满足现状的心态，还有那诸多数不清的烦恼与磨难，常常使人患得患失。因此，很多人抱怨命运，抱怨时运不济，抱怨人生多"苦"。

常言道：人生在世，不如意事常八九。其实，只要你严肃冷静地分析人生，痛苦与欢乐几乎是与生俱来的。造物主让你来到人世，享受世上的无限欢乐，但同时也要给你困苦、不幸的负重。人生就是一次爬山的旅行，辛苦是自然的，摔跤有时也难免，磨难就是这次旅行的代价。既然你能够愉快地享受人生，为什么不能快乐地接受生活赐予的苦难呢？况且，苦难已降临，生气烦恼又有何用？

栽种一株快乐的花朵于心田。无论生活面临怎样的境况，人生遭逢怎样的磨难，请让快乐的花朵开放在心灵的原野上，让灵魂的舞姿如花之绰约，满载着花的芬芳。

无论生命有多少凄苦，人生有多艰难，栽种一株快乐的心灵之花于心田，让绚丽的花朵昂然地绽放在生命的枝头。从此，你便自由自在，快乐逍游也定会盈满幸福！

独处中的快乐

【原典】

欲是其所非而非其所是，则莫若以明。

【古句新解】

若要肯定对方所否定的东西而否定对方所肯定的东西，那么不如用澄明的心境去观察事物本然的情形而求得明鉴。

自我品评

庄子认为面对各种是是非非，不能有统一定论，不如回归本质寻找答案。做人也是如此，在是与非的环境中生活久了，难免会迷失方向，此时不如静下心来，重拾旧我。

如果要我们给简单一个恰如其分的注解的话，恐怕不能少"独处"一词，因为大多数人会在成群的人堆中寻找成功的路子，却希望渺茫，一旦有独处的机会，就会突然发现独处是最简单的、快乐着的生活之道。

独处有助于减轻快节奏生活造成的压力，带给你安详平和的心境。如果你发现自己总是被家人、朋友围绕着，耳边充斥着噪音，人声喧哗，忍受着繁忙工作、家庭琐事的无穷折磨，每天的神经都绷得紧紧的，得不到一丝喘息的机会，那你真该好好计划一下，找一天静静，

第四章 天地无为也而无不为也，人也孰能得无为
——庄子原来这样说快乐之道

让那段时间全属于自己。把平时为之牵肠挂肚的工作抛得远远的，一个人去海滨游泳散步，看看电影，在公园的草坪上晒晒太阳，闻着花香，好好睡上一觉，彻底放松一下，让自己的心随风逍遥。

我们总是处于人群之中，在喧闹的人群里你听不见自己的脚步声。远离喧嚣，能让我们重新认识到自我的存在，回归原点。当然，对于有工作又有家庭的人来说，寻找独处的机会很不容易。你可以和家人、朋友进行交流，向他们说明情况，征求他们的意见。那些关心爱护你的人，一定会给予你谅解和支持。从沉重的生活压力中解脱出来，你能心境平和地处理工作，对待家人、朋友，这将增进你们之间的感情。

推崇"简单生活"的丽莎说："几年前，我还没有开始简化生活，那时候，我每天都忙个不停，不是工作开会就是被人约出去，参加一些莫名其妙的活动，每天的日程都排得满满的。就算能稍微空闲一点，放松一下，我的脑子还是充满了各种各样的念头，下一个预约的时间，将要涉及的内容，怎么准备晚上的约会。生活一片混乱。"

要想学会独处，你可以从每天抽出1小时开始。一个人静静地呆着，什么也不做，当然，前提是你要找一个清静的地方，否则如果是有熟人经过，你们一定会像往常那样漫无边际地聊起来。也许刚开始的时候，你会觉得心慌意乱，因为还有那么多事情等着你去干，你会想如果是工作的话，早就把明天的计划拟定好了，这样干坐着，分明就是在浪费时间。可是，当你把这些念头从大脑中赶走，坚持下来，渐渐地你就会发现整个人都轻松多了，这一个小时的清闲让你感觉很舒服，干起活来也不再像以前那样手忙脚乱，你可以很从容地去处理各种事务，不再有逼迫感。你可以逐渐延长独处的时间，四小时、半天甚至一天。

善于抛开一切烦心的事情，一旦养成了习惯，你的生活将得到很大改善，把你从杂乱无章的感觉中解救出来，让头脑得到彻底净化。丽莎说："我现在每星期都留下一个下午什么也不做，所以能精神抖擞地面对生活，发现它不是负担而是享受。"

那么怎样才能做到"心灵独处"呢？因为心灵独处是最高的简单

而又快乐的方式。怎样做呢？请你学会"大扫除"吧！

你一定有过年前大扫除的经验吧。当你一箱又一箱地打包时，是不是惊讶自己在过去短短几年内，竟然累积了那么多的东西？你是不是懊悔自己为何事前不花些时间整理、淘汰一些不再需要的东西，否则，今天就不会累得你连背脊都直不起来？

大扫除的懊恼经验，让很多人懂得一个道理：人一定要随时清扫、淘汰不必要的东西，日后才不会变成沉重的负担。

人生又何尝不是如此！在人生路上，每个人不都是在不断地累积东西？这些东西包括你的名誉、地位、财富、人脉、健康等等；另外，当然也包括了烦恼、郁闷、挫折、沮丧、压力等等。这些东西，有的早该丢弃而未丢弃，有的则是早该储存而未储存。

问自己一个问题：我是不是每天忙忙碌碌，把自己弄得疲累不堪，以至于总是没能好好静下来，替自己做清扫？

对那些会拖累你的东西，必须立刻放弃——心灵扫除的意义，就好像是生意人的"盘点库存"。你总要了解仓库里还有什么，某些货物如果不能限期销售出去，最后很可能会因积压过多拖垮你的生意。

很多人都喜欢房子清扫过后焕然一新的感觉。你在拭掉门窗上的尘埃与地面上的污垢、让一切整理就绪之后，整个人好像突然得到一种释放。在人生诸多关口上，我们几乎随时随地都得做清扫。念书、就业、结婚、生子、退休……每一次的转折，都迫使我们不得不"丢掉旧的你，接纳新的你"，把自己重新"扫一遍"。

不过，有时候某些因素也会阻碍我们放手进行扫除。譬如，太忙、太累；或者担心扫完之后，必须面对一个未知的开始，而你又不能确定哪些是你想要的。万一现在丢掉的，将来需要时又捡不回怎么办？

的确，心灵清扫原本就是一种挣扎与奋斗的过程。不过，你可以告诉自己：每一次的清扫，并不表示这就是最后一次。不必强求全部扫干净，只需每天扫一点，至少那是你必须丢弃的东西，心灵垃圾少了，重担减轻了，人的心也就轻松了许多，快乐就会适时地钻进来。

第四章 天地无为也而无不为也，人也孰能得无为
——庄子原来这样说快乐之道

顺应自然，活得快乐潇洒

【原典】

乘天地之正，而御六气之辩，以游无穷。

【古句新解】

顺着自然的规律，而把握六气的变化，以遨游于无穷的宇宙。

自我品评

庄子认为人活着是为了一种潇洒，顺应自然，过属于自己的快乐生活。人不可消极地游戏人间，但快乐潇洒是生活应有的原则，潇洒给生活带来快乐，快乐地过生活也是一种潇洒。

人生本是一种快乐，雅人有雅兴，俗人有俗趣，无论在朝为官或在野为民，都自有其乐。锦衣玉食也好，粗茶淡饭也罢，求暖求饱而已；当然也求美。

人总是一波三折，七灾八难地活着，琐事烦事难事甩不开、扔不掉。即使是时时小心、处处设防，说不定什么时候还会遇上倒霉事，让人怎么快活得了？但是总得活着吧，无论是劲头十足还是虚有其声，总得往前奔。于是，想法儿去活，想法儿活得滋润、潇洒，像个人样。

快乐是一种独到的体验，只要乐趣真实常在，无论雅俗，都会活

得有滋有味，也用不了太多的心思，你就会发现活着本来就不错。比如说，你有大本事或小本事，朋友多，路子广，会有种种发迹的机会；你拥有爱情，拥有家庭，拥有多彩的故事，你总有一些盼望，会发现一些趣事，甚至某个消息、某个话题、某种现象都能让你兴奋。这兴奋可能太俗，让人瞧不上眼，或根本就不值。但只要是真实的快乐的体验，也就够了。即使是真遇上不称心的事，也不要自己跟自己过不去，便能从容应对，潇洒地走出困境。即使一时解不开也用不着烦恼，日子还长着呢。活得潇洒才有快乐，潇洒是一种美好的生活态度，但并非人人能做到潇洒悠然，有的人过于拘谨不会潇洒，有的人做过了头不懂潇洒。

拘谨是一种僵化的思维模式带来的生活态度，也就是常说的"死心眼"、"一条道儿跑到黑"。古代有个有名的例子，说一对青年男女相约在桥下某柱旁会面，大水到了，为了不失约，男子抱柱而亡。这个悲剧化的男子过去一直被当作忠贞、守信的象征，可实际上姑娘爱上他实在不值得。还有一个典型例子是柳宗元《三戒》中所写的永州某人。他生于子年，生肖值鼠，于是畏鼠护鼠，闹到室无完器、柜无完衣的地步。真正的潇洒生活并非如此，而是指不被现状所拘束，以一种自强不息和勇于创新的精神重新开拓新的生活领域，以一种惊人的潇洒的形象展示在世人面前。

有人把潇洒理解为穿着新潮，谈吐倜傥，举止干练飘逸。实际上，这仅是浅层次的认识。真正的潇洒，应该是指那种不以物喜，不以己悲，顺境不放纵，逆境不颓唐的超然豁达的精神境界。古今名人中，能真洒脱者，大有人在，唐代诗人刘禹锡，因革新遭贬，他不为压力所屈服，仍以顽强的精神与政敌相抗争，写出"玄都观里桃千树，尽是刘郎去后栽"，"种桃道士归何处？前度刘郎今又来"的乐观诗句，他以潇洒的态度，超越"巴山蜀水凄凉地"，坚守"二十三年弃置身"的人格，终于迎来了仕途上新的春天。

名人有名人的潇洒，伟人有伟人的快乐。有位伟人说过，"与天

第四章 天地无为也而无不为也，人也孰能得无为
——庄子原来这样说快乐之道

奋斗，其乐无穷；与地奋斗，其乐无穷；与人奋斗，其乐无穷。"伟人的乐乃乐之大家，有如范仲淹所云："先天下之忧而忧，后天下之乐而乐。"对于平凡的人来说，面对复杂多变的人生，自然也要有大境界才能包容得下，另外，更需要有平常的心境，快乐才能常驻。人生难得于世，既然有机会，就做一个潇洒快乐的人吧。

去除身上额外负担

【原典】

故知天乐者,无天怨,无人非,无物累,无鬼责。

【古句新解】

所以了解天乐的人,不会受到天的怨恨,不会被人非难,没有外物的牵累,没有鬼神的责备。

自我品评

庄子认为懂得知晓快乐的人,不会被所谓的外物所牵累,也不会受到天、神的责备,所以快乐是一种内心真实体验。

禅宗认为,透过净化自己,把心中的烦恼、苦闷、贪婪、嗔怒等等加以清理,可以使自己生活得更加有活力、更加有朝气,正如有佛偈云:"千江有水千江月,万里无云万里天。"卸下不必要的负担,深吸一口气,让快乐盈满心底。

这是一个流浪汉的故事。这个流浪汉在看不见尽头的路上长途跋涉,他背着一大袋沉重的沙子,一根装满水的粗管子缠在他身上。他右手托着一块奇形怪状的石头,左手拿着一块岩石,脖子上用一根旧绳子吊着一块大磨盘,脚腕上系着一条生锈的铁链,铁链上拴着大铁

第四章 天地无为也而无不为也，人也孰能得无为
——庄子原来这样说快乐之道

球。他头上顶着一个已腐烂发臭的大番瓜。这个流浪汉一步一挪地吃力地走着，每走一步，脚上的铁链就发出哗哗的响声。他呻吟着，他抱怨他的命运如此艰难，他抱怨疲倦在不停地折磨着他。

正当他在炎炎烈日下艰难行走时，迎面来了一位农夫。农夫问："喂，疲倦的流浪人，为什么你自己不将手里的石头扔掉呢？"

"我真蠢，"流浪汉明白了，"我以前怎么没想到呢？"他摔掉了石头，觉得轻松了许多。

不久，他在路上又遇到一位农夫。农夫问他："告诉我，疲倦的流浪汉，你为什么不把头上的烂番瓜扔了呢？你为什么要拖着那么重的铁链子呢？"

流浪汉答道："我很高兴你能给我指出来。我没认识到我在做什么事。"他解开脚上的铁链子，把头上的烂番瓜扔到路边摔得稀烂。他又觉得轻松了许多。但随着他继续往前走，他又感到了步履的艰难。

又有一位农夫从田里走来，见到流浪汉十分惊异："啊，好人，你扛了一口袋沙子，可一路上有的是沙子；你带了一根大水管，好像要去穿越卡维尔大沙漠，可你瞧，路旁就有一条清亮的小溪，它已伴随着你走了很长一段了。"听到这些话，流浪汉又解下了大水管，倒掉了里面已经变了味的水。然后把口袋里的沙子倒进一个洞里。他站在路上，看着落日沉思。落日的余辉映照在他身上。突然他看到了脖子上挂着的磨盘，意识到正是这东西使他不能直起腰来走路。于是他解下磨盘，把它远远地扔进河里。他卸掉了所有负担，徘徊在傍晚凉爽的微风中，寻找住宿之处。

《六祖坛经》上说，人要"总净心念摩诃般若波罗蜜"，其意思是要人洗涤自己的心灵世界，展现心中智慧，照亮自己的人生。在现实生活中，有人觉得压力大，烦恼多，不愉快，这正表明在自己的精神生活中背负着许多不必要的"灰尘"，使人对生活和工作倍觉辛劳无趣。其实，生活与工作本身就是一种承担和责任，是绝不轻松的，如果再额外加上不必要的精神负担，日子就很难过了。

所以人如果能让自己的心境像波平浪静的水面，让自己的思想像碧空万里的蓝天，依靠精神的信仰，就一定能净化自己，使自己正确地面对人生的挑战。在二战时，一位名叫泰勒的年轻人正在欧洲服兵役，在后来出版的一本书里，泰勒这样写道：

"在一九四五年春天时，我整天处在忧郁之中，以致得了医生们称之为横结肠痉挛症的疾病，它给我带来了难以忍受的巨痛，那时我整个人几乎都是处在虚脱状态。如果不是战争及时结束的话，我的生命大概也要结束了。

"当时我在步兵九十四师的死亡登记处做事，我的工作是记录作战死亡、失踪还有受伤的士兵的姓名，有时也负责掩埋那些被丢弃在战场上的士兵的尸体。我还得收集这些士兵的遗物，送还给他们的亲属。在做这些工作时，我老是担忧出差错，我更担心自己会撑不过去而再也没有机会拥抱我唯一的儿子，他那时已经十六个月大了，而我还不知道他长的什么样。那时我心力交瘁，体重连续下降了三十四磅，精神总是恍恍惚惚的。"

记住，无论谁都是永远站在过去和未来的交会点上，不可能活在过去或未来任何一种永恒中，如果你勉强要这样或那样，那只会像泰勒一样摧残自己的身心。善用并把握好你的时间，从这一刻到今晚上床。如果只是一天，不论多重的负担，人都能够背负；如果只是一天，无论多难的工作，人都能够努力完成；如果只是一天，任何人都能活得很快乐、有耐心、仁慈和纯洁——这就是生命的真谛。让你的人生在轻松中快乐起来吧。

第四章 天地无为也而无不为也，人也孰能得无为
——庄子原来这样说快乐之道

别跟自己过不去

【原典】

故天下皆知求其所不知，而莫知求其所已知者。

【古句新解】

所以天下的人都只知道舍内求外，即只知追求外在的客观的知识，而不知探索内在的无为恬淡，清虚合道之道理。

自我品评

庄子认为天下的人只知道一味地追求外在的东西，而忘记了要保留内在的本身的恬淡，所以做人不能只重外，不重内。

看得开，想得透，做不到，常是我们的通病。我们容易将别人的事看得如水中倒影般明澈，而一旦涉及到自己，就会有"老眼昏花"一般认不清自己，看不清方向。

二战期间，罗勃·摩尔在一艘美军潜艇上担任瞭望员。一天清晨，随着潜艇在印度洋水下潜行的他通过潜望镜，看到一支由一艘驱逐舰、一艘运油船和一艘水雷船组成的日军舰队正向自己逼近。潜艇对准走在最后的日军水雷船准备发起攻击，水雷船却已掉过头来，朝潜艇直冲过来。原来空中的一架日机，测到了潜艇的位置，并通知了水雷船。潜艇只好紧急下潜，以便躲开水雷船的炸弹。

三分钟后，六颗深水炸弹几乎同时在潜艇四周炸开，潜艇被逼到水下八十三米深处。摩尔知道，只要有一颗炸弹在潜艇四周五米范围内爆炸，就会把潜艇炸出个大洞来。

潜艇以不变应万变，关掉了所有的电力和动力系统，全体官兵静静地躺在床铺上。当时，摩尔害怕极了，连呼吸都觉得困难。他不断地问自己，难道这就是我的死期？尽管潜艇里的冷气和电扇都关掉了，温度高达36℃以上，摩尔仍然冷汗涔涔，披上大衣牙齿照样碰得格格响。

日军水雷船连续轰炸了十五个小时，摩尔却觉得比十五万年还漫长。寂静中，过去生活中无论是不幸运的倒霉事，还是荒谬的烦恼都一一在眼前重现：摩尔加入海军前是一家税务局的小职员，那时，他总为工作又累又乏味而烦恼；抱怨报酬太少，升迁无指望；烦恼买不起房子、新车和高档服装；晚上下班回家，因一些琐事与妻子争吵。这些烦恼事，过去对摩尔来说似乎都是天大的事。而今置身这坟墓般的潜艇中，面临着死亡的威胁，摩尔深深感受到，当初的一切烦恼显得那么的荒谬。

他对自己发誓：只要能活着看到日月星辰，从此再不烦恼。

日舰扔完所有炸弹终于开走了，摩尔和他的潜艇重新浮上水面。战后，摩尔回国重新参加工作，从此，他更加热爱生命，懂得如何去幸福地生活。他说："在那可怕的十五个小时内，我深深体验到，对于生命来说，世界上任何烦恼和忧愁都是那么的微不足道。"

人有时会在危难的时刻想起生活的种种，就会豁然开朗，寻求另外一种生活。有许多人要出名，等到出名之后，却又怪人人注意；女人要男人来爱，等到追求者众多时，又怪没有自己的时间。我们常常处于极端矛盾之中，而不自知。

生活是属于自己的，外界只能是干扰，不可能决定你的生活方式，不要处处和自己过不去，打不开心灵的结，那样你会生活在劳累之中。

懂得珍惜生命的人，也懂得如何让自己快乐，自己跟自己过不去，没有人能帮得到你，要想过得好，不如就地逍遥，让自己快乐生活。

第五章 至人无己，神人无功，圣人无名

——庄子原来这样说生活态度

庄子认为一个人不应该只从一个角度去看待身边的事物，应从多角度去考虑问题，这样的人生才不会悲哀。在现实生活中，面对生活的超重，我们应该学会重新面对自己，在以往成功的经验上得到升华，使自己面对强大的生活压力游刃有余。

第五章 至人无己，神人无功，圣人无名
——庄子原来这样说生活态度

不要被超重的生活所累

【原典】

故九万里，则风斯在下矣，而后乃今培风；背负青天而莫之夭阏者，而后乃今将图南。

【古句新解】

所以，鹏高飞九万里，那风就在它的下面，然后才乘着风力，背负青天而无阻碍地飞往南海。

自我品评

庄子在他的《逍遥游》中描绘的大鹏有高飞九万里的能力，它在开始飞的时候凭借的是风力，而后凭着自己的胆识独立翱翔飞往南海，找到了属于自己的全新世界。

"太多了，"玛丽·海伦如此形容，"实在是太多了，我根本没办法同时兼顾所有的事情。"泪水不受控制地从她脸颊上滑落。玛丽·海伦今年三十八岁，是一位聪明杰出的女性，拥有成功的事业和幸福的家庭，但现在的她就像被悬在空中走钢索，即将走到绳子的尽头却无计可施。

在咨询室里的玛丽·海伦看上去焦躁不安，仿佛承受着极大的精神

压力。她常常失眠，而且精神涣散、脾气暴躁。她对自己的技穷感到生气，在他人面前承认自己的失败更使她感到愤怒，其实她不是不知道自己的问题所在，只是一时脑筋转不过来了。从她进门的第一句话"太多了"，就已经说明了一切。

在接下来进行的诊查过程里，医生确定她并没有潜在性的精神异常现象，也没有失去平衡能力的精神衰弱症状以及到了中年时期突发的遗传性功能障碍，更没有无可挽救的婚姻危机。超重的生活是她唯一的问题。超重的生活？当然这是最简略的说法。虽然这种问题大家或许早已耳熟能详，但对其所能造成的广泛、深刻及长期的纠缠和伤害，却仍然没有清晰的认识。现代社会里超重的生活造成的压力，如同其他潜伏在今日生活中的危机一样，正逐步地吞噬着我们。它不仅具有极大的破坏力，重者甚至威胁我们的生命。

现实生活中你也有像玛丽·海伦的因讲求高速度和高品质的生活而被击倒或麻木的状况吗？你是否常因拥塞的时间表而被迫放弃自己真正想做的事呢？你是否因有太多要做和该做的事而无法为自己保留点空闲时间？你是否已开始发现那些正常的、实在的、感觉满足的娱乐生活却离你越来越远呢……

面对如此多的超重问题，我们应该学会放松自己的心态，在今天这个事事瞬息万变，即时传递的电子邮件漫天飞舞的世界里，大部分人和玛丽·海伦一样，面对生活里超重的压力不胜负荷。的确，在后现代社会生存，超重的生活正是事业成功者最大的挑战。这些人的生活里充满太多急待解决的问题，太多需要分心的事物，太多的噪声，太多的邀约，以及太多的机会和选择。可用的时间和精力没有变，需要他们件件照顾周到的事情却很多。至少在潜意识里，我们都有过相同的感觉：生活里的选择、需求和各式各样复杂的事物，随着时间在年年不停地增加。新的一年里，总是会有更多将要扮演的角色，更多必须做的事，更多需要去的地方和更多想要或必须达到的目标。但一天却只有二十四个小时，一年依旧遵行着十二个月的周期。迎面而来的

第五章 至人无己，神人无功，圣人无名
——庄子原来这样说生活态度

事物越来越多，但完成这些事务所需的时间和精力，即使在最完美的情况下，也只能维持与过去相同的数量和状态。

我们还可以看出玛丽·海伦的问题所在——"生活里要应付的实在太多，我根本无能为力。"——她还是犯了两项大错：第一，她认为情况并非十分严重；第二，她感觉不到摆在眼前的是项全新的挑战。反之，她觉得这只不过是一种厌倦压力的反弹情绪，相信自己有绝对的能力可以应付。这种态度正是有超重问题的病人的关键特征——认为问题会自然消失，仿佛它们从未存在过。如果问题会说话，那应该是种友善的问候："我只是你们在生活中习以为常的小麻烦，你们绝对有能力制服我的。"事实上我们根本无能为力，而相信自己有能力正是促使问题恶化的原因之一。若问人们为什么不能及早发现自己生活超重的问题，答案是显而易见的——你把问题的本质遮掩起来，就会因看不清楚而错认它是不重要的小事。我们都有和玛丽·海伦一样的心态，告诉自己"问题并不严重"，因为它看起来就像是由于忙碌而复发的老问题，过去我们总是可以找到自己适用的解决办法，因此我们便忽略了它的严重性和破坏力。

超重问题由来已久。我们在孩童及青少年时代所学到的应对生活负担的方法，早已无法应付现代社会的挑战。超重问题到今天已经改头换面，成为一种全新的挑战，就似由大量性质相同的小麻烦堆积成的问题，早已不再只是很多的小麻烦，而是变质成为截然不同的新问题。这就像是石头堆积而成山岭的演化过程。

一堆岩石随时间推移逐渐形成一座山岭，从此便不再只是岩石。石头是在什么时候变成山岭的呢？很难回答最高处的那块石头，是否正是构成山岭的最后一块，或者还得再加上几块才算最后成功这样的问题，我们很难察觉到其中由量变到质变的关键时刻。生活的超重也是如此，它必须经过一段漫长的时间，逐步累积才能形成。对绝大部分的人来说，超重的生活压力累积成山的关键时间，早已是过去的历史，无可考究。那些原本如小石头般简单的问题，现在已经高堆成难

以跨越的山峰。

你必须承认竖立在眼前的是一座前所未见的山岭，你若想征服它，就必须有一套与过去截然不同的策略。原本跨越一堆岩石的方法，和现在征服一座山岭的策略就不能相提并论。我们面对超重的生活也应该如此。就好比你有一双坚固的鞋子就能让你轻易地跨过石堆，但你要征服壮丽的山峰，就必须有骁勇的斗志、完备的绳索工具和特殊的技能训练。就如同展翅高飞的大鹏，只有具备很强的能力，才能顺利飞往南海。

对于聪明、能干、风趣的玛丽·海伦来说她看不出摆在眼前的不再只是一堆纠结不清的麻烦事，已变成前所未见的新问题。事实上，她面临的是一座极具挑战性的陌生山岭，而不再是昔日她多次轻易跨越的小石堆。这便是现在的玛丽·海伦必须正视的问题。

人们一直用清理石堆的老方法来解决生活超重的新问题，因此，玛丽·海伦的困窘同样也会发生在其他人的身上。因为我们不断地加快生活的步伐，让自己处于超负荷的压力之下，过度的疲劳终于使我们再也无力去解决眼前更严酷的问题及挑战。我们必须重新出发，试着放弃生活所带来的种种压力，轻松上阵，开始新的生活。

第五章 至人无己，神人无功，圣人无名
——庄子原来这样说生活态度

不要被虚名左右

【原典】

至人无己，神人无功，圣人无名。

【古句新解】

修养最高的人忘掉自我，修养较高的人无意追求功业，有学问道德的人无意追求名声。

自我品评

"至人无己，神人无功，圣人无名"这句话告诉我们，做人应不为名誉、金钱、地位所累，则人间自有逍遥在，那就是——品格修养极好的人，明白为人处世的最高道理，在他们看来，名利皆是虚浮之事，也是身外之物。

庄子的《逍遥游》中讲了这样一件事：

尧想把天下让给许由，说："太阳和月亮都已升起来了，可是小小的烛火还不熄灭；它跟太阳和月亮的光亮相比，不是很难吗？雨及时降落了，而且还在不停地浇水灌地；人工灌溉对于整个大地的润泽，不显得徒劳吗？先生如果成为国君天下一定会获得大治，可是我还占居其位；我自己越来越觉得能力不够，请允许我把天下交给你。"

许由说:"你治理天下,天下已经获得了大治,如果我替代你,我将为了名声吗?'名'是'实'所派生出来的次要东西,我将去追求这次要的东西吗?鹪鹩在深林中筑巢,不过占用一根树枝;鼹鼠到大河边饮水,不过喝满肚子。你还是打消念头回去吧,天下对于我来说并没有什么用处啊!厨师即使不下厨,祭祀主持人也不会越俎代庖的!"

名誉有虚实之分,有些人的名誉不是通过自己的努力得来的,而是通过投机取巧,蒙混过关,得一虚名,招摇过市,终有一日这种虚名就会被人戳穿而狼狈不堪,滥竽充数的东郭先生就是这种人的代表。

现在还有一种人是靠着手中的权势自封名誉光圈,什么先进工作者、什么模范等,现在都成了机关单位某些领导的专用称号,所有的光环都要套在自己的脖子上,这样才像个人物。比如成克杰、胡长清等都是各种名誉的获得者和享受者,但是终究成为人民的千古罪人,戴在他们脖子上的名誉光环,最后成了他们罪行的绞索。

荣誉是一个人在生活中的价值得到公众的承认,是社会根据他的贡献馈赠给他的,不是你可以伸手要到的,明白了这个道理,你才能够最终获得荣誉。

赫尔墨斯是古希腊神话中天神宙斯的儿子,是专管天下商业的神灵,就像中国的财神爷一样,他想考证一下他自己在人间百姓中的地位有多高,就来到人间。一天,他化装成顾客来到一家雕刻店,指着宙斯的头像,问店主:"这个值多少钱?"店主告诉他值七赫拉,他又走到自己的头像前,心想,我是商业的主管神,价格一定比宙斯的高,于是他又问道:"这个值多少钱?"店主指着宙斯的像说:"假如你买那个,这个就算是添头,不要钱,白送。"赫尔墨斯本来想听听人们对他的赞赏,想了解一下自己在人间的地位有多高,也就是想知道他的名誉怎么样,没想到碰了一鼻子灰,讨了个没趣,只好灰溜溜地走了。

宙斯的名誉是天神的功绩决定的,顶天立地,世人皆知,赫尔墨斯妄想超过他,获得比他还高的名誉,那是自不量力,自取其辱。

第五章 至人无己，神人无功，圣人无名
——庄子原来这样说生活态度

还有一些人，为了追求地位名誉，不顾自己的死活，玩命地奋斗，不分白天和黑夜，最后虽然获得了自己想要的地位名誉，但是自己的生命也耗完了，这实在是得不偿失。

为了追求虚幻的东西而失去了实在的生命，这对每一个追求成功的人来说都是不可取的。

实实在在地生活，该做什么事就做什么事，不要为了一个虚名而活，也不要强求人家怎么看你，只要你作出了自己的贡献，只要你活得有价值，对别人有好处，你自然就会获得一定的名誉。如果为了名誉而活，那你就会感到活得很累，活得失去了自己，所以，不要让虚名左右你的人生。

人生短暂，不要错过

【原典】

朝菌不知晦朔，蟪蛄不知春秋。

【古句新解】

朝菌是朝生夕死，所以它不知道月初（朔）月底（晦）。蟪蛄过不了冬，所以不知春秋。

自我品评

　　人生短暂，萍踪无定，人生的历程如雪泥鸿爪，很快就会消失得无影无踪。没有开不败的花朵，也没有看不完的好景。"梨花淡白柳深青，柳絮飞时花满城，惆怅东栏一株雪，人生看得几分明？"一个人的一生有多少尽兴赏花的机会呢？人生有限，胜景难逢，聚少离多，别时容易相见时难。那么何必计较个人的名利地位，升降荣辱呢？"我生乘化日夜逝，坐觉一念逾新罗，纷纷争夺醉梦里，岂信荆棘埋铜驼。"

　　每个人本都是天上飞舞的雪花，就是无数不经意的相遇、融化，交织成了命运，这一切都并非有心。所以，有些事无法勉强，还有一些事却无法推辞。

第五章 至人无己，神人无功，圣人无名
——庄子原来这样说生活态度

上帝创造了人之后，给予每个人的生命是公平的——仅有一次。而这仅有的生命，我们应该如何度过呢？怎样才有意义呢？奥斯特洛夫斯基回答说："在回忆往事的时候，能够不因碌碌无为而羞耻，能够不因虚度年华而悔恨……"同样，许多成名人士也如此。法国伟大作家巴尔扎克，抓住分分秒秒，奋笔疾书，用毕生心血为人们献上《人间喜剧》。音乐家贝多芬醉心于他的音乐，孜孜不倦，即使在耳聋后也继续他的音乐创作……他们这些人在短暂的人生中，不等待，努力进取，使其生命有了意义。

人生太短暂，世界太纷繁。现代人生活在大千世界，面对眼前的变幻，有些人迷失了——小的时候说："我还小，这些等我长大了再做吧，现在要享受快乐的童年生活。"上学时说："今天的作业太多了，等明天再做吧。"工作时说："这些工作我还不太熟，等以后熟了再做。"就这样明日复明日，岁月蹉跎。老年时只落得"朝看水东流，暮看日西坠"，方悟"人生太短暂，事事莫等待"。

岁月匆匆，时光如箭，多少青春年华如流水，一去不回返，而人的一生只不过短短几十载，古人不由发出"花有重开日，人无再少年"的感慨。也正是因为如此，才有了岳飞《满江红》中的"莫等闲，白了少年头，空悲切"的自勉之句，同时也勉励着我们。人的一生中有太多的遗憾，当时过境迁好好想想就难免伤感。所以，我们要珍惜今天的拥有。

很久以前，在一个香火很旺的寺庙里，有只染上了佛性的蜘蛛。有一天，佛到世间巡视，看见了这个香火很旺的寺庙，就来到了这个寺庙里，看见了那只蜘蛛，佛问："蜘蛛，你知道在这个世界上最值得珍惜的东西是什么吗？"

蜘蛛回答："得不到的和已经失去的。"

佛说："好，我3000年后还会来问你这个问题。"佛走了。

蜘蛛仍然生活在这个寺庙里，每天都在为前来许愿的人们所祈祷，每天都在为他们的故事所感动。日子就这样在不知不觉中慢慢地过去。

3000年后，佛又来到了这个寺庙，他又问这只蜘蛛："蜘蛛，你知道在这个世界上最值得珍惜的东西是什么吗？"

蜘蛛回答："得不到的和已经失去的。"

佛说："好，我3000年后还会来问你这个问题。"佛走了。

蜘蛛仍然生活在这个寺庙里。忽然有一天一阵风刮来了一滴甘露，这滴甘露恰巧落在蜘蛛的网上，蜘蛛很喜欢这滴甘露，它每天都看着它，觉得自己很幸福，觉得时间每天过得很快。但是有一天，那阵风又刮来了，并且把甘露也带走了。蜘蛛失去了甘露，它很伤心。日子就在蜘蛛的悲伤中慢慢地过去了。

3000年后，佛再一次来到了这个寺庙，他又问蜘蛛："蜘蛛，你知道在这个世界上最值得珍惜的东西是什么吗？"

蜘蛛仍然回答："得不到的和已经失去的。"

佛说："好，那你就和我一同到人间走一趟吧。"蜘蛛随佛来到了人间，佛帮蜘蛛投胎转世。

蜘蛛投胎成了一个官宦之家的小姐，取名珠儿。同年，甘露也投胎转世，18年后成了新科状元。在一次皇宫的大宴上，珠儿和甘露又一次相遇。甘露仪表堂堂，举止文雅，成为了众人瞩目的焦点，自然也得到了皇帝的女儿———长风公主的青睐。珠儿并不着急，因为她知道，她和甘露的缘分是上天注定的。

有一天，珠儿去寺庙里烧香，恰巧遇见了陪母亲来烧香的甘露。她走过去，甘露文质彬彬地说："小姐，您有何贵干吗？"

珠儿的脸色顿时变得很苍白："你难道不认识我了吗？我是珠儿呀，就是3000多年前的那只蜘蛛。"

甘露不解地回答："对不起小姐，我想是你认错人了，我并不认识你，也不知道你说的到底是什么。"

甘露扶着母亲走了。珠儿陷入了无比的悲痛之中。她不明白这份上天注定的缘，怎么这么难。几天后，当珠儿还沉浸在痛苦中的时候，她得到了两个消息：一是皇帝把自己的女儿长风公主许配给了新科状

第五章 至人无己，神人无功，圣人无名
——庄子原来这样说生活态度

元——甘露；二是皇帝把她许配给了自己的儿子——甘草。

听到这个消息，珠儿终于支持不住了，她彻底地崩溃，从此一病不起。在珠儿和甘草的婚期快到的时候，得知珠儿大病不起的甘草很是伤心，他来到珠儿的床边，握着昏迷之中的珠儿的手说："珠儿，你知道吗，自从在父皇的大宴上看见你的那一刻起，我就已经深深地爱上你了，所以我请求父皇把你许配给我，如果你死了，我这下半生……"

珠儿已经听不见了，因为她的灵魂已经慢慢地离开了她的躯体，她看着自己身边默默流泪的甘草，感觉像有一把刀在心里狠狠地割了一下。正在这时，佛出现了，他问珠儿："你现在能告诉我什么是世界上最值得珍惜的吗？"

珠儿含着眼泪说："得不到的和已经失去的。"

佛说："难道你还不明白吗？甘露在你的生命中只是一个过客，他是被长风带来的，也是被长风带走的，所以他属于长风公主。而你在寺庙生活的那段日子里，在你网下的甘草，一直默默地注视着你，爱慕着你，只是他没有勇气告诉你，你也从来没有低下过你那高贵的头颅。"

这时的珠儿早已是泪流满面，佛叹息着对她说："在这个世界上最值得人们去珍惜的是现在身边所拥有的。"

在现实生活中，有许多人陷在对往事的追忆里不能自拔，为已经被打破的罐子，已经泼翻的奶酪痛哭流涕，却不知道事情已然发生，再怎么追念也不能使时光倒流。还有的人沉浸在对未来的憧憬里，只梦想未来，不正视现在，从而使可能实现的机会白白流失。

其实昨天是一张已经过期的支票，明天是一张还未填写数字的空白支票，等着我们去填写。只有今天的支票是最有效的，我们要好好把握，好好珍惜。

世界上最珍贵的东西是现在拥有的。我们拥有健康的身体，拥有蔚蓝的天空，拥有清新的空气，拥有爱我们的人和我们爱的人，这些难道不值得我们去珍惜？人生没有再回首，时光倒流只是美好的愿

望。而未来如果没有今天的努力拼搏,也不会实现自己的理想的。

人生是短暂的,失去的不会重来,身边的朋友、亲人、同事能有缘在一起是前世今生的最大缘分,我们要好好珍惜。偶尔的口角、误会要以一副博大的胸怀包容承受。人生相遇毕竟太难得,错过了就没法找回原有的味道了……

人生短暂,时间有限。在自己的底线上,尽可能做自己想做的,尽可能地多经历些东西。不要被太多的东西束缚,不要错过太多,遵循自己的原则,享受人生。

一个年轻人因为女友成为了别人的新娘而自杀。他的灵魂来到天堂问上帝:"幸福是什么样子的?"上帝给他三天时间去寻找,第一天他看到富人对着山珍海味却没有胃口;第二天他看到一群乞丐吃一个苹果却兴趣盎然;第三天他看到自己的墓前站着年迈的父母、朋友、大学同学、公司同事,那一刻他流泪了——幸福就是自己拥有的。

其实,幸福就是我们的拥有。夕阳下,与心爱的人一起散步;微风中,细数纷飞的柳条;闲着没事和朋友逛街谈天;一个人静静读书,陪父母说说笑笑。一切拥有的点滴都会成为人生的风景!

生活如此短暂,所有东西都如过眼云烟,权势、金钱只不过是身外之物,为何要奋力去追逐。好好拥有,享受生命,不应是我们此生的任务吗?只有经历着自己生命最需要的,自己所拥有的,生命才可爱。

风浪之后才发现,平淡中的拥有才是最真的,昨天已成为历史,明天还是张白纸,我们有资格、有权利去打拼的只有今天。有人说,生命是一种幸福,这幸福的本质就在于拥有,拥有青春、拥有时间、拥有机会、拥有许许多多。然而,有多少人因虚度年华而悔恨,有多少人因碌碌无为而悔恨,而我们现在唯一能做的就是:珍惜我们现在所拥有的一切!

有些事情一旦过去了就再也回不来了,有些人一旦错过了就只能永远是朋友,仅此而已!错过也就错过吧!不必再缅怀过去,开心地度过生命中的每一天!你会发现身边有更美的风景!活在今天,珍惜拥有!

第五章 至人无己，神人无功，圣人无名
——庄子原来这样说生活态度

不要被名利蒙住眼

【原典】

名，公器也，不可多取。

【古句新解】

名声这东西是公器，乃是人人都可以使用的东西，千万不可以猎取过多。

自我品评

庄子是一位追求自由、乐得逍遥的名士，对楚威王的赏识不为所动，宁愿做一条自由自在的鱼，也不愿沾染名利。

古语有云："雁过留声，人过留名。"谁也不想默默无闻地过一辈子。自古以来胸怀大志者多把求名、求官、求利当做终生奋斗的三大目标。三者能得其一，对一般人来说已经终生无憾；如能尽遂人愿，更是幸运之极。然而，从辩证法角度看，有取必有舍，有进必有退，就是说有一得必有一失，任何获取都需要付出代价。问题在于，付出的值不值得。如果是为了公众事业，民族和国家的利益，为了家庭的和睦，为了自我人格的完善，付出多少都值；相反的付出越多越可怕。因此在求取功名利禄的过程中，要少一点贪欲，多一点忍劲，莫为名

利蒙蔽你的眼睛。

　　从现实来讲，求名并非什么坏事。一个人有名誉感就有了进取的动力；有名誉感的人同时也有羞耻感，不想玷污自己的名声。但是，什么事都不能过于追求，如果求名心太切，有时就容易生邪念、走歪门。结果名誉没求来，反倒臭名远扬，遗臭万年。君子求善名、走善道、行善事。小人求虚名，弃君子之道，做小人勾当。古今中外，为求虚名不择手段，对已有的名气不满足，于是产生邪念，最终落得身败名裂的事例值得深思。

　　唐代诗人宋之问，有一外甥叫刘希夷，很有才华，是一位年轻有为的诗人。一日，希夷写了一首诗，曰《代白头吟》，拿到宋之问家中请舅舅指点。当希夷读到"古人无复洛阳东，今人还对落花风。年年岁岁花相似，岁岁年年人不同"时，宋之问不禁连连称好，忙问此诗是否给他人看过，希夷告诉他刚刚写完，还不曾与人看。宋遂道："你这诗中'年年岁岁花相似，岁岁年年人不同'二句，着实令人喜爱，如果他人不曾看过，就把它给我吧。"希夷说道："这二句是我诗中之眼，如果把它去掉，全诗无味，万万不可。"晚上，宋之问便睡不着觉，翻来覆去只念这两句诗。

　　不觉暗想，如果此诗一面世，就是千古绝唱，名扬天下，一定要想办法让它属于自己。便起了歹意，命手下人将希夷活活害死。后来，宋之问获罪，先被流放到钦州，又被皇上勒令自杀，天下文人闻之，无不称快！刘禹锡说："宋之问该死，这是老天对他的报应。"

　　宋之问在自己的领域中是很有建树的，如果不是被名利迷住心窍，遮住双眼，就不会走上沽名钓誉，欺世盗名之路。

　　有时，美名会从天而降，你该怎么办呢？我国著名的京剧演员关肃霜，有一天在报纸上看到一篇题为："关肃霜等9名演员义务赡养失子老人"的报道，同时收到了报社寄来的中共湖北省委顾问李尔重写的"赞关肃霜等九同志义行之歌"的诗稿校样。这使她深感不安。原来，京剧演员于春海去世后，他的母亲和继父生活无靠，剧团的团

第五章 至人无己，神人无功，圣人无名
——庄子原来这样说生活态度

支部书记何美珍提议大家捐款义务赡养老人，这一活动持续了23年，共捐款6000多元。关肃霜一开始并不知道，是后来参加的。但报道却把她说成了倡导者，这就违背了事实。关肃霜看到报道后，马上委托组织给报社复信，请求公开说明事实。李尔重也尊重关肃霜的意见，将诗题改成"赞云南省京剧院施沛、何美珍等26位同志"。

二战期间，美军与日军在依洛吉岛展开激战，美军最后打败日军，把胜利的旗帜插在了岛上的主峰，心情激动的陆战队员们，在欢呼声中把那面胜利的旗帜撕成碎片分给大家，作为终生的纪念。这是一个非常有意义的场面，后赶来的记者打算把它拍摄下来，就找来六名战士重新演出这一幕。其中有一名战士叫海斯，在战斗中表现极为一般，但由于这张照片的作用，使他成了英雄，并在国内得到一个又一个的荣誉，他的形象也开始印在邮票、香皂等上面，家乡也为他塑了雕像。此时他的心情是极为矛盾的：一方面陶醉在赞扬声中，一方面又怕真相被揭露；同时，由于自己名不副实，总是处在内疚、自愧之中。所以每天就用酒来麻醉自己，终于，在一天夜里，他穿好军装，悄悄地离开了对他充满赞歌的人世。

面对同样飞来的美名，关肃霜和海斯的态度不同，结局也不相同。还是东坡先生说的好："苟非吾之所有，虽一毫而莫取。"美名美则美矣！对于那些有正义感，有良知的人，面对不该属于他的美名，受之可以，坦然却未必做得到！得到的是美名，却也是一座沉重的大山，一条捆缚自己的锁链，早晚会被压垮。不如像关肃霜，活得真实、轻松、自在、安然。

名利尤如孪生兄弟，彼此相依，谁也离不开谁。现实中人有重名不重利者，自戏为散淡之人，人称清廉之士。有人重利不重名，讲究实惠，认为名誉好听不好吃，无用。有人追名逐利，什么也舍不得放下，总想名利双收。这三种人三种人生观、名利观，哪个更高洁、更可取，不言而喻。人生无利则无以生存，无以养身，不能养身则无法立业。所以不能简单地把求利之人都视为小人，这要看为谁谋利和以

怎样的方式谋利，获利后又怎样对待和利用所获取的利。

钱财对于人来说很重要，但世界上还有比钱更重要的东西，那就是人的品格、德行。从古到今，有钱人很多，但人们将其记住的很少，而对那些古今德高望重的圣贤，人们却如数家珍，正如一位诗人所说："有的人死了，他还活着；有的人活着，他已经死了。"虽死犹生的人，不是他富有金钱，而是他富有高尚的道德精神。所以在利与义之间，君子的做法是舍利取义。

南宋文学家洪迈的《容斋随笔》中有这样一个故事：一年春天，有一个叫曾叔卿的人，因为家中穷得揭不开锅，便向亲友借钱买了一些坛子之类的陶器，想要运到福建去卖，以便赚几个钱买米度日。正要动身时，有人捎信给他说，福建遭水灾，民不聊生，他想陶器肯定没有人买，便暂时放在家中。一天，一个商人路过，买下了他所有的陶器，钱货两清后，曾叔卿却听说商人买陶器是为了运到福建去卖，就赶紧说："福建遭了水灾，谁还买陶器，你把陶器退给我吧。"买主被他的高尚行为所感动，推让了好一会儿，才收下钱走了。他的妻子看到好不容易到手的钱没了，便抱怨说："是人家登门来买，又已钱货两清，为什么要自请退货？如今家里正等着钱买米下锅，难道你不知道吗？"曾叔卿却笑着劝妻子说："做人贵在品节，损人利己的事切不可做。咱们宁可忍饥挨饿，也万不能唯利是图，把不好的事情推给别人。孟子说的'贫贱不能移'正是这个道理。贤妻不是常说要效法汉代贤女乐羊子妻劝夫上进吗？"妻子听了，破涕为笑，却又面带几分愧色。

曾叔卿知道舍利就意味着要忍饥挨饿，可是他为了使别人不受损失，宁可忍受饥饿也把已经到手的钱退回去，为的是心安，是真正的忍利取义，不贪财，不被利迷惑。

在美国纽约自然博物馆里，陈列着一块数百公斤重的大石头，看上去很普通，可是仔细看，会发现这块石头有一个缺口，顺着缺口看进去，会发现里面是一块闪光耀眼的紫水晶。关于此石，有一个动人

第五章 至人无己，神人无功，圣人无名
——庄子原来这样说生活态度

的故事。它本是扔在一个美国人院内的一块废石，因主人觉得它有碍观瞻，让人移走，在把它向车上搬运时，不小心掉到了地上，摔出了一个缺口，露出了里面包着的紫水晶，这是价值连城的宝物。当主人知道了真相后，很平静地说："这块石头，我本来就是要丢掉的。现在虽然发现它是宝物，想必是上帝的旨意，我一言既出，绝不反悔。我决定不占为己有，而将它送给博物馆，让更多的人来欣赏。"

故事虽简单却说明了一个道理：面对即将获得的利放弃也是一种收获，他得到了好的名声。宝物贵重，终可用金钱买到，而形象受损，万金难赎。这是大义所在，只有这样才能活得坦然。

这个人的做法，虽然是为维护自己的做人原则，但客观上起到的作用却已超出了这一点。纽约自然博物馆每天不知要接待多少来自世界各地的游客，当人们来到这块石头前，听导游讲述它的来历时，不管屋里多么喧哗，都会马上静下来，人们出神地望着它。这块石头里不仅包着一块水晶，还包着一颗比水晶还要贵重的水晶心。看到它，谁的心灵不会得到一次净化呢？面对名利，人们又会有怎样的想法呢？

不要让嫉妒抹去快乐

【原典】

人含其德，则天下不僻矣。

【古句新解】

人人怀藏德行，天下就不会产生邪恶了。

自我品评

庄子认为如果天下人都自觉遵守道德，有顺其自然的想法，不去强求外物，那么这个世界就会太平许多。

天下人除有食欲、性欲两项基本欲望外，还有追求金钱、名利等一些欲望，这是由人的社会性所决定的。但是这些欲望和前两项比起来，并不是每个人都可以实现的。成为有钱人或是名人，那只有非常少的人办得到，要拥有崇高的社会地位更不是那么容易。名来利往的世界中，又有多少成功人呢？

对于有钱人来说，金钱并非万能；对有名的人来说，出名并不全然都是好事。这些话一半是谦虚，一半则是事实。对那些原本就是有钱人而言，拥有金钱是理所当然的事，所以自然可以把钱看得不重，这可能也是事实。但就那些既没有钱又没有名的人来说，他们会希望

第五章 至人无己，神人无功，圣人无名
——庄子原来这样说生活态度

也有机会成为这样的人，这种念头是不可磨灭的事实。就像可以实现的欲望看起来通常都很小，但不能实现的欲望却很大。

嫉妒往往被认为是一种很低级的行为，然而，嫉妒其实是一种很正常的情感，也是拥有健康心态的证据。看见自己很想做的事，别人可以轻易就完成，因而出现嫉妒的情绪，但却不至于造成别人的困扰。

如果你的嫉妒，让人生充斥着不满的情绪，那你就绝对无法享有快乐的生活。如果可以将嫉妒的负面情绪转换成正面情绪，反而就成了快乐生活的出发点。嫉妒是有一定范畴的。很不可思议的是，人很少对那些和自己拥有极大才智差异的人或是和自己境遇不同的人产生嫉妒。一般人大概不会对拿到奥运金牌的运动员嫉妒，而会嫉妒拿到金牌的人的都是那些自己想拿金牌却又拿不到的人。

嫉妒往往在身边时有发生。住在隔壁的邻居买了一辆奔驰车；和你同时期进公司的人突然三级跳，成了你的顶头上司；自己的朋友竟然和帅哥或漂亮美女谈起了恋爱，有些人面对这种事时会出现嫉妒的情绪。

人的欲望嫉妒有时会实现的，即反过来说，那些会让人嫉妒的欲望，只要去努力或许是可以实现的。因此，如果你只是在那里嫉妒却不努力，是不可能拥有金钱、地位和幸福的。试着把嫉妒转换成努力的动力，嫉妒对你的人生而言，绝对会起到正面作用。

如果你的努力无法完成你的人生目标，即也就是说只有放弃这件事，再寻找其他可以让你快乐的事。放弃那些很难实现的欲望，或许可以让你成长。

但是，嫉妒别人代表不了自己努力去实现自己生命的价值。毕竟人不能靠嫉妒来推动生命，也不会因嫉妒而停止运行。

不过有一句话说：天妒英才，可见才华也是令人嫉妒的一大方面。平凡人眼中的天才拥有令全天下人注目的光环，让人非常羡慕。想必很多人都曾不止一次想过，如果自己也是个天才就好了。可是天才也有自身的烦恼。

天才的烦恼是平凡人无法想象的。哲学家尼采写过《查拉图斯特拉如是说》等许多著作，在哲学领域中被视为是绝无仅有的天才。但是在他生前他的著作根本都卖不出去，到了晚年甚至还发疯了。数学家哥岱尔提出很多重要的定律，可以说是20世纪以来数学界的大天才。但他体弱多病，也不喜欢与人交往，甚至连学会为他举办的60岁寿庆活动都没有出席。这是一般人无法理解的，也是难以做到的。

现在你还嫉妒天才吗？或许你有了新的想法？想要成为天才，却又不想要拥有不幸，这似乎不大可能。除了少数特例，天才好像都不是那么的幸福，这就是天才和一般人不同的地方，这或许是上天的安排吧！

一项能力测验显示，不管是算术、跑步，无论哪一种，测验结果大都可以得到正规分布的曲线。普通人的平均值大概在50左右，能力好的可以到70~80，比较差的在20~30之间。在平均值两个极端的，就可视为异常。人类身体和大脑的基本构造都是相同的，排除脑部受损的状况，所谓的异常，是大脑的运作方式不一样。

大脑运作方式上的差异，造就出不同的思维逻辑。反过来说，天才的大脑无法像一般人的运作模式，因此他可以能人所不能，但常人会的事有的他也不会做。天才，或是拥有过人才智的人，通常在其他才能方面缺损的可能性很高。会十位数乘法心算的人，可能是个生活白痴，天才也有平凡人所无法想象的烦恼。所以不必去妒嫉别人，认清自己，会活得更加轻松自在。

第五章 至人无己，神人无功，圣人无名
——庄子原来这样说生活态度

走出心灵的樊笼

【原典】

近死之心，莫使复阳也。

【古句新解】

他们心灵闭塞好像被绳索缚住，这说明他们衰老颓败，没法使他们恢复生气。

自我品评

庄子极力推崇逍遥之道，生活中人的心境要豁达自由，无拘无束。生活中大道理容易明白，事情做不好常有，人往往善于给自己设置一个心灵的笼子，却出不来。

有个被砍断了脚趾的鲁国人，前去拜见孔子。孔子却责备他说："你做事很不谨慎，犯了过错才像这样遭受刑罚，现在即使求教圣贤，可是怎么能够追回以往呢！"

那人说："我就是因为不懂世事人情的复杂，便轻率地投身社会，所以才被砍去脚趾的。现在我来到您这里，就是认定世上还有比脚趾更宝贵的东西存在，所以我想竭力保全它。天可覆盖一切，地可容纳所有。我把先生视为覆纳全部所有的天地，想不到先生这样计较外在

形骸，真令人失望！"

孔子马上意识到自己的精神正陷入一个自我设置的笼子里，赶紧说："孔丘实在太浅陋了，先生何不深细地给我指点一番大道呢？"

那人什么都没说，转身就离去了。孔子长叹说："弟子们，要努力啊！这个断了脚趾的人尚且努力学习，以弥补自己残形的不足，何况健全的人呢？"

那人后来对老子说："作为一个德才完美的人来说，孔丘还差得远哩！他为什么总是装得彬彬有礼、摆出一副好学慕道的样子呢？他大概是希望通过这装模作样获取声誉，使自己名扬天下吧！难道不知道圣人把声望当作是束缚自己的人生枷锁吗？"

老子说："你怎么不直截了当地指教他，让他走出心灵的樊笼呢？"那人摇摇头说："不可能！这似乎是老天对人的一种惩罚啊。"

正如那个失去脚趾的人所说，人善于让自己的心灵处于牢笼之中，让自己承受各种压力，其实不如走出心灵的樊笼、仰望于天地之间，活得潇洒，如此做事身心轻松，成功的几率就增长了几分。

当你为拥有一幢豪华别墅、一辆漂亮小汽车而加班加点地拼命工作，每天晚上在电脑前疲惫地倒下；或者是为了一次小小的提升，而默默忍受上司苛刻的指责，并一年到头赔尽笑脸；为了无休无止的约会，精心装扮，强颜欢笑，到头来回家面对的只是一个孤独的自己之时，你是否应该静下心来理理思绪，它们真的那么重要吗？

在口头上，绝大多数人都希望自己的生活能够快乐，但是他们真能做到吗？毫无疑问，这是一个大大的问号。为什么呢？因为大家都会被实实在在的生活压得喘不过气来，甚至头昏眼花。捷克著名作家米兰·昆德拉有一句名言："承受生命之重"，实际上绝大多数人不堪承受生命之重，因为他们被占有物质财富——好房、名车、高收入、高消费等欲望折磨得疲惫不堪。其实，物质财富并不像很多人想象的那样重要。事实上，有许许多多的人是在令人难以察觉的绝望状态下生活的。这种情况在发达的西方国家，尤为严重。

第五章 至人无己，神人无功，圣人无名
——庄子原来这样说生活态度

一项统计显示，在美国社会中，一对夫妻一天当中只有12分钟时间进行交流和沟通；一周之内父母只有40分钟与子女相处；约有一半的人处于睡眠不足的状态；时间的危机实际上是感情的危机。大家好像每天都在为一些大事疯狂地忙碌，然后疲惫不堪，没有时间顾及其他。大家都在劳动、都在创造，但是，生活真的变好了吗？

美国心理学家戴维·迈尔斯和埃德·迪纳已经证明，物质财富是一种很差的衡量快乐的标准。人们并没有随着社会财富的增加而变得更加快乐。在大多数国家，收入和快乐的相关性是可以忽略不计的；只有在最贫穷的国家里，收入才是适宜的标准。

抛开这些抽象的理论不说，物质财富的进步有时却使人们作茧自缚。比如，电话、传真、电子邮件已经成为许多工作不可缺少的帮手，不过，如果每天的工作都是面对源源不绝的电子信息，就很可能产生"信息疲乏并发症"。许多企业界的经理人和信息业的工作者抱怨，每天必须接听的电话和处理电子邮件造成精神上莫大的压力，"信息疲乏并发症"甚至会造成长期失眠，严重影响健康。至于伴随文明发展而来的噪音、污染等问题则更是尽人皆知的。

那么快乐是什么？快乐来源于"简单生活"，而不是超重的生活。物质财富只是外在的荣光，真正的快乐来自于发现真实独特的自我，保持心灵的宁静。有人问：不超重的生活是否意味着苦行僧般的清苦生活，辞去待遇优厚的工作；靠微薄存款过活，并清心寡欲？其实并非如此，就像你有丰富的存款，如果你喜欢，那就不要失去，重要的是要做到收支平衡，不要让金钱给你带来焦虑。

无论是中产阶级，还是收入微薄的退休工人，都可以生活得尽量悠闲、舒适，只要你能走出心灵的牢笼，不要让自己的生活感到压抑。

如果你能走出心灵的禁锢，那么你可能就不会去想往海滨华丽的别墅，而只是租了一套干净漂亮的公寓，这样你就能节省一大笔钱来做自己喜欢的事，比如旅行或者是买上早就梦想已久的摄影机。你也用不着再在上司面前唯唯诺诺，你自己就是自己的主人，提升并不是

唯一能证明自己的方式，很多人从事半日制工作或者是自由职业，这样他们就有更多的时间由自己支配。而且如果你不是那么忙，能推掉那些不必要的应酬，你将可以和家人、朋友交谈，分享一个美妙的晚上。

　　请记住不要总是把拥有物质的多少、外表形象的好坏看得过于重要，用金钱、精力和时间换取一种有目共睹的优越生活，却没有察觉自己的内心在一天天枯萎。事实上，心灵的笼子是自己套上去的，走不出那种所谓的虚荣浮华，你就会活得很累，同时，也容易将自己丢失。让自己活得快乐一些吧，因为快乐才是你来人世的根本目的。打开你闭塞的心，恢复你原有的心灵，轻松上阵，快乐会永远伴随着你。

第五章 至人无己，神人无功，圣人无名
——庄子原来这样说生活态度

学会享受此时此刻

【原典】

夫适人之适而不自适其适，虽盗跖与伯夷，是同为淫僻也。

【古句新解】

贪图达到别人所达到而不安于自己所应达到的境界，无论盗跖和伯夷，都同样是偏僻的行径。

自我品评

庄子认为无论高贵低贱，人都应认清自己，不要希求自己达不到的境界，徒增烦恼，应该在现实中学会享受真实的自己。

庄子认为形体劳累而不休息就会疲乏不堪，精力使用过度而不停歇就会元气劳损，精力枯竭。水的本性，不混杂就清澈，不搅动就平静；闭塞而不流动，也就注定不能澄清，这是自然本质的现象。人不能强欲所求，忽视自我心境的修养。

在繁忙的生活中，你应该学会享受，享受生活的一个重要条件就是，你必须注意自己的所作所为，然后放慢脚步。匆忙总是让我们出错。最好的享受就是享受你正在做的而不是即将做的事情，就如梭罗说的"吸尽精髓"。不要一边吃饭一边想着要干的工作，或者一边吃饭

一边看电视,在吃东西的时候你最好是专注于所吃的东西,看电视就专注于你所选的内容,用心体味。

如果你想使生活变得简单而快乐,就要学会享受此时此刻,因为生活中确实有许多美好的东西需要你去吸取。

可惜的是,生活中的此时此刻总是被忽略,我们无意中疏忽了"此刻的生活"。想一想吧,早上还没起床时,你就开始担心起床后的寒冷而错失了被窝里最后几分钟的温暖;吃早餐的时候你又在想着开车上班的路上可能会堵车;上班的时候就开始设计下班后怎么打发时间;参加派对又在烦恼着回家路上得花多少时间了。

人们总是急于生活在下一刻里。急着等周末来临、暑假来临、孩子长大、年老退休。等到老时,或许真的也可以说是:"我真是等不及要去死了!"

我们一刻也不停地转着。我们对堵车的公路乱骂脏话;我们在超市中像没头的苍蝇,毫无耐性;我们对着电视不停地调换频道;我们一个劲儿地催促孩子快点。

我们似乎在生活中找不到快乐,生活总是被繁杂、忙碌所取代。梭罗说:"我们可以杀死时间而毫无后遗症。"我们确实在"杀"时间。这曾经是无所事事的说法,但现在我们是真的在摧毁我们的时间。我们的时间花在杀死灵性、杀死享受愉悦的能力上。我们过于自我中心,以为创立了人类有史以来一个最佳的文明,但我们根本没有时间享受。这像是浮士德与魔鬼的交换条件。

查斯特·菲尔德爵士认为,现代人之所以不能拥有此刻的、美好的生活,是因为我们总是担心时间不够,就像我们总是觉得钱不够一样。学习享受已经拥有的时间、金钱与爱是我们最重要的一课。

要充分享受你的时间,就一定要学会放慢脚步。当你停止疲于奔命时,你会发现生命中未被发掘出来的美;当生活在欲求永无止境的状态时,就会永远都无法体会到更高一层的生活。

如果你总是丢掉东西或者弄乱东西,结果不得不花时间整理,就

第五章 至人无己，神人无功，圣人无名
——庄子原来这样说生活态度

像你开快车被警察拦住，浪费了本来想节省的时间。

因为我们总是在无休止地忙碌，没时间与朋友谈话，结果就变得越来越孤独；因为忙碌，没有时间反省，也没时间注意身边的事物。因为忙得没有时间注意所有的征兆，连身体有病的早期征兆都察觉不出来；当你急着买东西时，就没有时间倾听那个小小的声音："我们真的需要这个新东西吗？"

享受生活是帮助人们充实人生，帮助人生充满活力的方法。但大多数人的大多数时候都不知道自己在干什么。适当的"白日梦"或许对人的心理健康有益，但过多地沉溺于白日梦而忘记真实的生活却有些不切实际。

因此，必须摆脱对"下一刻"的迷思和幻想：它们有的不切实际，有的虽然是事实却剥夺了此刻的生活。

摆脱不切实际的幻想可以让你明白：生活不会适应你，而是你必须去适应生活。而且不是看你喜欢它变成什么样，而是原本它是什么样子你都得适应。与现实保持接触可以帮助你就世界所能给予的去接纳它，不会使你为它所无法给予的而扭曲它、错怪它。丢弃对这个尘世的幻想和对你自己的幻想可以去除生活的悲剧成分，使你能真实地面对你该处理的问题。

生活在此刻随遇而安，就是享受你正在做的而不是即将做的事情，就如你在吃东西的时候最好是专注于所吃的东西，它的色泽、香气、味道和营养。也许你需要一套饮食哲学——你需要知道自己是为欢乐而吃、为健康而吃还是为欢宴而吃，进而决定是吃肉、吃素或者其他。否则，你就对食物完全没感觉，更别提获得什么营养。

不要总是生活在幻想之中，让自己疲惫于得不到的境界，人生需要知足，满足于你所拥有的，才会快乐。

抓住人生的关键所在

【原典】

得其环中，以应无穷。

【古句新解】

抓住事物的要害，以顺应事物无穷无尽的变化。

自我品评

庄子认为只有抓住最主要的，就可以用不变应万变。只要自己保持一种乐观的态度，无论遇到什么事，都可以拥有快乐。

做一件事情，你可以高高兴兴、快快乐乐地去做，也可以很痛苦地去做，关键在于你自己的选择，因此如果你能够选择快乐，为什么要选择痛苦？要知道：快乐是一种选择，痛苦也是一种选择。

每当遇到烦恼的时候，你都要想：如何让我比现在更快乐？每一次遇到挫折的时候，你都要想，成长的机会要来临了；每当做事遇到阻力的时候，你都要告诉自己，我一定要享受这工作的乐趣和过程。

也许有的时候，你无法控制自己要做的事情，因为可能是别人要求你做的，虽然，你无法控制这件事情，但你永远可以改变做这些事的心情。所有的事情之所以会有思考的瓶颈，是因为你原来的目标没

第五章 至人无己，神人无功，圣人无名
——庄子原来这样说生活态度

有明确，对你自己做事情的宗旨没有了解。

很多业务员害怕被拒绝，因为，他满脑子想着要卖产品，顾客一旦拒绝，他就会有一种很大的挫折感。

如果，你的推销宗旨、理念是："提供给顾客很好的服务，帮助顾客解决他们的问题。"以这样的想法来做的话，任何事情都会是非常简单的。

例如，你要拜访非常多的顾客，你可以说因为下雨不要去了；也可以说因为要去建立人际关系、交新的朋友；更可以说是要去分享自己的喜悦，分享他们的喜悦，也把你的快乐带给他们。

如果你有这样的想法，做每一件事情都会非常愉快，而且一定会非常成功。有些人"对自己要求很严"，他们在遇到失败或失意的时候，很难原谅自己。许多人都是这样，给自己设定的标准很高，有时就难免没办法达到那样的标准。给自己定下了很高的标准，就需要有适当的平衡，那就是要能让自己快活一下，适时奖励一下自己，享受一下人生。若是没有这种平衡，定立很高的标准，就未必是件好事。

工作得很辛苦，或者是遇到困难时，给自己一点奖赏、一点礼物，这就是赏心乐事。通常都是小事，但是能使我们觉得很愉快，例如吃过午餐后，在公园里散散步；花一个小时阅读一本自己喜欢的书；经过一天辛苦工作之后，喝一杯酒。如果你想获得快乐，不妨这样做：

第一，写下你所有的赏心乐事。第二，展望未来的一周（或者一天、一个月），事先计划好，在繁忙的工作之后，辛苦了一天之后，令人不愉快的任务完成之后，消耗大量精力之后，给自己一点奖励，快活一下。第三，要把上述情形养成习惯。如果你想不出什么赏心乐事来，不妨请教一下你的朋友或同事，就可以得到不少主意。

经过一段时间的请教，你就能了解其他人有关这方面的做法，而且会发现，其实每个人都能不时地让自己过得快活一点，只不过有些人比其他人更懂得怎样快乐罢了！更重要的是，慢慢地你也会找到属于自己的快乐。

但千万不要让自己太沉溺于享乐！不如提供些主意给你吧：洗个热水澡，洗洗头发；下午休息一下，写几封信，到外面散散步；周末时到郊外游玩一下；和好朋友玩游戏；和子女共处一段时间；给自己买一束花；偶尔吃块巧克力糖；找只猫来爱抚一下；呆在洗澡间里，把门锁起来，和外界隔绝 10 分钟。

就男人而言，学习怎样照顾自己，怎样让自己过得快活一点，通常是格外的重要。我们现在这个社会中，家庭和工作仍然是分开的，仍然有男人的工作和女人的工作之分。男人和女人从小就受到不同的教导，相信女人是调适情绪方面的专家，通常比较容易让自己过得快活一点，而许多男人则受到过时想法的限制，不能让自己快活一下，没有解脱，没有娱乐。这是很遗憾的。一定要让自己快乐，这样你才会发现快乐无穷无尽。

第五章 至人无己，神人无功，圣人无名
——庄子原来这样说生活态度

欲望太重心难静

【原典】

其耆欲深者，其天机浅。

【古句新解】

凡是嗜好和欲望太深的人，他们天生的智慧就浅了。

自我品评

庄子认为如果人的欲望太深，就会丢失智慧，那人天生快乐的源泉也就减少了。

当今的世界，物欲极大的丰富，这让许多人的心随之麻木，只顾追求生活的利益，名誉地位，忘记了身边真正的幸福，作家托尔斯泰曾讲过这样一个故事：有一个人想得到一块土地，地主就对他说："清早，你从这里往外跑，跑一段就插个旗杆；只要你在太阳落山前赶回来，插上旗杆的地都归你。"那人就不要命地跑，太阳偏西了还不知足。太阳落山前，他是跑回来了，但人已精疲力竭，摔个跟头就再没起来。于是有人挖了个坑，就地埋了他。牧师在给这个人做祈祷的时候说："一个人要多少土地呢？就这么大。"

人生的许多沮丧都是因为你得不到想要的东西。其实，我们辛辛

苦苦地奔波劳碌，最终的结局不都是只剩下埋葬我们身体的那点土地吗？伊索说得好："许多人想得到更多的东西，却把现在所拥有的也失去了。"这可以说是对得不偿失最好的诠释。

事实上，人人都有欲望，都想过美满幸福的生活，都希望丰衣足食，这是人之常情。但是，如果把这种欲望变成不正当的欲求，变成无止境的贪婪，就会在无形之中成为欲望的奴隶。在欲望的支配下，不得不为了权力、为了地位、为了金钱而削尖了脑袋向里钻。为此常常感到非常累，但是仍觉得不满足，因为在这些人看来，很多人比自己的生活更富足，很多人的权力比自己大。所以他们别无出路，只能硬着头皮往前冲，在无奈中透支着体力、精力与生命。

扪心自问，这样的生活，能不累吗！被欲望沉沉地压着，能不精疲力竭吗！静下心来想一想：有什么目标真的非要实现不可，又有什么东西值得用宝贵的生命去换取？朋友，斩除你过多的欲望吧，将一切欲望减少再减少，从而让真实的欲求浮现。

古人云："达亦不足贵，穷亦不足悲。"当年陶渊明荷锄自种，嵇叔康树下苦修，两位虽为贫寒之士，但他们能于利不趋，于色不近，于失不馁，于得不骄。这样的生活，也不失为人生的一种极高境界！

地球在转，生命在不断延续，社会在不断发展，物欲无止境，可一个人的生命有限，耗费毕生精力追逐在欲望之中，人消失后又得到什么，也许你最终有所悟，那只是一种看淡人世的冷笑———一切皆身外之物。所以一个人的快乐，不是因为他拥有得多，而是他看待物欲的心态，一种至高的心境。

第五章 至人无己，神人无功，圣人无名
——庄子原来这样说生活态度

"适应"是生存的必然要求

【原典】

知天之所为，知人之所为者，至矣。

【古句新解】

知道哪些是自然的本领，哪些是人的本领，这就达到了认识事物的极点。

自我品评

庄子认为认识事物有一个过程，应分清自然与人的各自本领。面对工作我们也有一个适应过程，你才会真正明白工作的含义。

人要生存，必须拥有自己的工作，才能解决自己的衣食住行，每个人都有第一份工作，怎样适应这样一个环境呢？其中除了生理适应、知识技能适应外，更重要的是心理适应。也就是说，来到一个新的环境，职业工作的各种信息会引起许多心理反应，如感知、情绪、性格等方面的变化，如何对待这些变化，就是一个适应问题。

人们适应职业环境的过程，也就是其劳动态度不断变化的过程。劳动态度是当人进入职业岗位以后，面临着执行具体劳动任务时的心理倾向。一般说来，年轻人思维灵活，性格开朗，兴趣广泛，对工作

的适应能力比较强。但是，年轻人在适应职业生活的过程中，也常遇到困难，感觉到不适应的情形。诸如觉得工作太紧张、人际关系太复杂、自己知识技能差、一时不能胜任工作等等。因此，有些年轻人容易产生情绪波动，要么想调换工种，要么想更换环境，从而影响正常的生活、学习和工作，影响身心健康。那么，如何适应职业环境呢？可以从三方面做起。

1. 做好充分的思想准备

任何一个初涉社会的青年人，对工作的适应都有一个过程。通过对青年走上工作岗位后劳动态度变化的研究表明，劳动态度的主观指标为职工对工作的专业的满意程度。青年人参加工作或从事新的工作后，其劳动态度一般要经历以下四个阶段：

（1）新异阶段。对于新的生活内容、工作环境、操作活动、人际关系等大多会有一种新异感，往往有新的打算和长远规划。此时，他们严格遵守纪律，认真完成各项工作，有较高的积极性。

（2）动荡阶段。由于紧张定时的职业生活与就业前的松弛状态相比，感到疲劳和枯燥，传统的就业观念与新型的就业意识相互作用，以前的职业理想与实际从事职业的相悖，单纯的工作幻想与复杂的现实职业生活相矛盾、冲突，于是产生了机械感和单调感，对工作感到不满意，积极性也降低了。

（3）适应阶段。经过一段时间的职业生活后，对于人际关系、社会各方面信息、本职业务有了一定的掌握，人们就会感到一种习惯和适应，认清自己职业的价值和地位，感到更多的安慰和满意。

（4）稳定阶段。对本职业务的熟练掌握，职业生活习惯的养成，把年轻人推上了一些重要工作岗位，开始成为骨干力量。领导的重视、同行的承认，实现社会期望的决心，以及对工作的兴趣和责任心，使人们形成了稳定的劳动态度。因此，做一份职业需要一个过程，你不必担心太多，只要有足够的心理准备就行了。

2.学会进行自我调节

人的职业环境不是静止的,随着工作人员和任务等的更迭变化,职业环境常处于变动之中,要适应变化着的工作环境,就必须学会自我调节。不断根据变化了的环境来分析自己的个性,学习新知识,掌握新本领,来调节与新环境相适应的东西。调节法的根本意义在于使人有效地控制情绪,锻炼坚强的意志,创造克服困难的条件。

3.正确使用对比法

人在工作中遇到烦恼,就容易产生怀旧情绪,怀念学校生活,这是不现实的。正确的对比,应把学校生活的特点与社会职业的功能相比较。人需要成长,不可能永远呆在学校,知识需要用才有其价。同时,可以感受来自不同职业的信息,看看自己的职业与别的职业有什么联系,在社会不同职业中居什么地位,起什么作用。

经过对比,逐渐认识本职工作的特殊性质和意义,增强热爱本职工作的积极情感。对比法的根本意义,在于使人清楚地了解自己从事的职业活动的社会价值,增强职业荣誉感,在自己的职业中成才、成长。当你适应新的环境,并在工作环境中找到自己所需的东西,你的信心也就随着增长,随着阅历的加深,你会觉得工作中的快乐很重要,保持良好的心态,快乐每一天。

放得下的快乐

【原典】

故九万里,则风斯在下矣。

【古句新解】

所以鹏高飞九万里,那风就在它的下面。

自我品评

庄子认为鹏之所以能高飞九万里,是因为它有放得下的勇气,也只有对风的放弃,才成就它高于风的境界,找到了真正的快乐。

最聪明的人不是硬着头皮去做自己难以完成的事,而是舍得放得下然后去寻找新的可能。

古语有云:"宠辱不惊,看庭前花开花落;去留无意,望天上云卷云舒。"这句话就体现了"放得下"的快乐,现代人如果学会"放得下"来给自己增加点心理弹性,就会在生活中少一分烦恼,多一分快乐。我们常说一个人要拿得起,放得下。而在付诸行动时,"拿得起"容易,"放得下"难。所谓"放得下",是指心理状态,就是遇到"千斤重担压心头"时也能把心理上的重压卸掉,使之轻松自如。

生活中我们会遇到许多事情,像子女升学,家长的心就首先放不

第五章 至人无己，神人无功，圣人无名
——庄子原来这样说生活态度

下；又比如老公升官或者发财啦，老婆也会忐忑不安放不下心，怕男人有钱变坏了；再如遇到挫折、失落或者因说错话、做错事受到上级和同事指责，以及好心被人误解受到委屈，心里的结解不开、放不下等等。总之有些人就是这也放不下，那也放不下，想这想那，愁这愁那，心事不断，愁肠百结。长此以往，就会产生心理疲劳，乃至发展为心理障碍。

英国科学家贝佛里奇指出："疲劳过度的人是在追逐死亡。"我国唐代著名医药家、养生家孙思邈，享年102岁。他在论述养生良方时说："养生之道，常欲小劳，但莫大疲，莫忧思，莫大怒，莫悲愁，莫大惧，勿把忿恨耿耿于怀。"这些都在告诫人们心理负担有损于健康和寿命。事实也是如此，许多人之所以感到生活很累，无精打采，未老先衰，就因为习惯于将一些事情挂在心里放不下来，结果在心里刻上一条又一条"皱纹"，把"心"折腾得劳而又老。

面对此种状况，最简单可行的方法就是"放得下"。"不管风吹浪打，胜似闲庭信步。""放得下"主要指以下几方面：

1. 财富

李白在《将进酒》诗中写道："天生我材必有用，千金散尽还复来。"如能在这方面放得下，那可称得上是非常潇洒的"放"。

2. 情感

人世间最说不清道不明的就是一个"情"字。凡是陷入感情纠葛的人，往往会理智失控，剪不断，理还乱。若能在情感方面放得下，可称得上是理智的"放"。

3. 名声

据专家分析，高智商、思维型的人，患心理障碍的比率相对较高。其主要原因在于他们一般都喜欢争强好胜，对名看得较重，有的甚至爱"名"如命，累得死去活来。倘若能对"名"放得下，就称得上是超脱的"放"。

4. 忧愁

生活中令人忧愁的事很多，就像宋代女词人李清照所说的："才下眉头，却上心头。"忧愁可说是妨害健康的"常见病，多发病"。泰戈尔说："世界上的事情最好是一笑了之，不必用眼泪去冲洗。"

许多东西我们是放不下的，也不想放。如果能对忧愁放得下，那就可称得上是幸福的"放"，因为没有忧愁的确是一种幸福。当你把自己的快乐带给别人时，你会觉得其实在这个地球上还是有许多快乐的事情的。

无论什么理由，怀恨总是不值得的。潜留在我们内心里的侮辱，永远难以平复的创伤，都能损坏我们生活中的许多可爱的事物，我们被锁在自己的苦恼之渊里，甚至无法为别人的幸运而感到愉快。怨恨就像毒素一样，影响、侵蚀着我们的生命。

怀恨常会产生头痛、消化不良、失眠和严重的疲倦等病理症状。一所权威的医学院曾经做过一个调查，调查报告中说与心情较为愉快的人相比，心存怨恨的人更会经常进医院。医务人员所做的试验显示，患心脏病的人常常不是工作辛劳的人，而是抱怨工作辛劳的人；最足以引起高血压的原因，莫过于外表好像很安静，内心里却被强烈的怨恨所煎熬。

怨恨有时会造成意外事件。交通问题专家曾提醒说："发怒的时候永远不要开车。"心里总是抱怨记着丈夫不懂得体贴的妇女，比起那些心里毫无杂念的妇女，更容易发生意外事件。

相反地，爱和同情则有激发活力的作用。正如一位健康学博士所说的那样："宽宏大量乃是一剂良药。"

如何消除怨恨情绪：首先要确定怨恨情绪的来源。如果我们能坦白地检讨，那么十次之中有九次，我们会发现，其实怨恨很多是来源于我们自己这方面的，忽略自己的缺陷与弱点，乃是人之常情；在任何可能的时候，我们总会把自己的短处变成别人的错处，然后加以无名的怨恨。

第五章 至人无己，神人无功，圣人无名
——庄子原来这样说生活态度

"这是个很奇怪的现象。"心理学家说，"我们自己的过错好像比别人的过错要轻微得多。我想，这是由于我们完全了解有关犯下错误的一切情形，于是对自己多少会心存原谅，而对别人的错误则不可能如此。"

其次，便是学会忘记它。有理智的人并不仅仅限于把宿怨淘净，他们还经常用新的梦想和热诚，填进他们生活中的洼地。所以，要想忘记自己，最好的方法便是帮助别人。

在这个充满诱惑的世界里，每一个人都会有很多的理想、憧憬和追求。然而，现实生活却告诉我们：必须学会人生的另一课——放得下！

放得下是一种智慧。汉代大文学家司马相如所著《谏猎书》曾说："明者远见于未萌，而智者避危于未形。"越王勾践卧薪尝胆的故事说明了这一问题。最终，勾践率领大军灭了吴国，做了春秋时期最后一位霸主。原因无他，就是因为他懂得暂时的放下是为了日后的崛起。

生活中，也需有放弃的智慧。当你与别人发生矛盾或冲突时，只要不是什么大的原则问题，你完全可以放弃争强好胜的心理，甚至甘拜下风，这样就可能化干戈为玉帛，避免两败俱伤。因为争论的结果，十有八九是使双方比以前更加相信自己是绝对正确的；当你在家庭生活中发生摩擦时，放弃争执，保持缄默，就可以唤起对方的恻隐之心，使家庭保持和睦温馨。

放得下是一种清醒。晋代陆机《猛虎行》上说："渴不饮盗泉水，热不息恶木阴。"讲的就是在诱惑面前要放得下，保持清醒。以虎门销烟闻名中外的清朝封疆大吏林则徐，便深谙放得下的道理。他以"无欲则刚"为座右铭，历官40年，在权力、金钱、美色面前做到了洁身自好。并教育他的两个儿子"切勿仰仗乃父的势力"，实则也是其本人处世的准则；他在《自定分析家产书》中说："田地家产折价三百银有零"、"况目下均无现银可分"，其廉洁之状可见一斑。终其一生，他从来没有沾染拥妓纳妾之俗，在高官重臣之中恐怕也是少见的。

在今天，摆在每个人面前的诱惑实在太多，保持清醒的头脑是必要的，如果抓住想要的东西不放，甚至贪得无厌，就会带来无尽的压力、痛苦不安，甚至毁灭自己……在放与不放之间往往难以取舍，这就需要巨大的勇气。

从前有个书生，因一度相爱的人嫁给了别人而一病不起，家人用尽各种办法都无济于事，眼看他奄奄一息。这时有一游方僧人路过此地，得知情况，决定点化他一下。僧人走到书生床前，从怀里摸出一面镜子，叫书生看。书生看到茫茫大海，一名遇害的女子衣不蔽体地躺在海滩上。路过一人，看一眼，摇摇头，走了……又路过一人，将衣服脱下，给尸体盖上，走了……再路过一人，过去，挖个坑，小心翼翼地将尸体掩埋了。书生不明所以。

僧人解释道，"那具海滩上的女尸，好比是你爱的女人。你，好比是那第二个路过的人，你们之间的爱只是一件衣服的恩情与缘分，而那个最后将她掩埋的人，才是她想要与之一生一世的人，因为在过来过往的人当中，只有他一个人给了她彻底的体恤，永久的心安。"书生大悟，唰地一下从床上坐起来，病愈。

学会放得下就似在陷进泥塘里的时候，知道及时爬起来，远远地离开那个泥塘。学会放得下就似发现上错了公交车，能及时下车，另坐一辆。有人说，这个谁不会呀！可是你真的学会了吗？

学会放弃，如同大鹏懂得放弃它所依赖的风，这样你才会飞得更高，走得更远，才会找到真正的快乐。

第五章 至人无己，神人无功，圣人无名
——庄子原来这样说生活态度

用心感受你的人生

【原典】

终身役役而不见其成功，茶然疲役而不知其所归，可不哀耶！

【古句新解】

终身承受役使却看不到自己的成功，一辈子困顿疲劳却不知道自己的归宿，这能不悲哀吗？

自我品评

万事万物总有好的一面和不好的一面，关键在于你选择的角度，本杰明·富兰克林的成功激励了一代又一代美国人。富兰克林说：世界上有两种人，他们的健康、财富以及生活上的各种享受大致相同，结果，一种人是幸福的，而另一种人却得不到幸福。他们对物、对人和对事的观点不同，那些观点对于他们心灵上的影响因此也不同，苦乐的分界主要也就在于此。

生活赋予我们的往往都是两个方面。不论处于什么地位，总是有顺利和不顺利的经历；不论在什么交际场合，所接触到的人物和谈吐，总有讨人喜欢的和不讨人喜欢的；不论在什么地方的餐桌上，酒肉的味道总是有可口的和不可口的，菜肴也是做得有好有坏；不论在什么

地带，天气总是有晴有阴；

　　天才所写的诗文有美点，但也总可以找到若干瑕疵；差不多每一个人的脸上，总可以找到优点和缺陷；差不多每一个人都有他的长处和短处。但不同的人注意的目标也不同。乐观的人所注意的是顺利的际遇、谈话之中有趣的部分、精致的佳肴、美味的好酒、晴朗的天气等等，同时尽情享乐。悲观的人所想的和所谈的却只是坏的一面，因此他们永远感到怏怏不乐，他们的言论在社交场所既大煞风景，又得罪人，使他们到处和别人格格不入。

　　如果你想快乐，就把注意的焦点放在曾经使你快乐的事情上，不管是跟你的家人、朋友或任何人都行。或者把注意的焦点放在未来的美梦上，提早感受你将来成功时的兴奋与快乐，那可以带给你拿出行动去付诸实践的干劲。

　　如果你去参加宴会时，随身带了一台摄影机。整个晚上，若是你把镜头一直对向大厅左侧一对在争吵的夫妻身上，是不是连带着自己的心情也糟透了呢？由于你一直看着他们争吵，心情也会不愉快，从而会产生这样的念头："真是糟糕的一对，好好的宴会都被破坏了。"

　　但是你若换个焦点在大厅的右侧，那里围坐着一群高声谈笑的来宾，这时若有人过来同你攀谈你对这场宴会的感觉，相信你一定会这么说："噢，这场宴会真是棒极了！"

　　富兰克林说："我们一生有太多地方可以去注意，随便你怎么去看，但为何偏偏就是有那么多人只看消极的那一面呢？"

　　因此，人应该善于以欣赏的心情从积极的角度去看问题。生活中的阿尔·马丁内斯性情急躁，缺乏耐心。如果他提出的要求得不到快速答复，就会大发雷霆。他办事不超过规定期限，只要约定时间，决不迟到；在超级市场排队付款时，谁也别想在他前面插队。通过前面的介绍，你应该可以想象出，当马丁内斯遇到一次交通阻塞时，可能会有怎样的反应了。

　　在加利福尼亚州南部离马丁内斯家不远的一条盘山公路上发生了

第五章 至人无己，神人无功，圣人无名
——庄子原来这样说生活态度

这样一件事。一位年轻人在一个路障前拦住马丁内斯的车，告诉他，大约要等半小时。

"为什么？"马丁内斯质问道。

"前面在挖沟铺水管。"年轻人回答。

"挖它的鬼沟！"马丁内斯叫道，挂上了低档。

年轻人耸耸肩："你会被挖掘机压烂的。"

一听这话马丁内斯马上冷静了，心想："他可能是对的。我虽不能确切知道挖掘机的威力，但我肯定不愿被这种东西压成肉饼。"

接下来的5分钟使马丁内斯倍感难受：一会儿翻翻公文包里的纸，一会儿听听收音机，一会儿又掏掏钱包。他打开汽车仪表盘上的小柜，把里面的东西一股脑儿拿出来，又一件件放回去。他叹着气，眼望车窗外。

很多车在后面排起了长队。司机们开始下车。对，下来走走倒不错，总比呆在车里强。

"今天早晨真美。"这是位老人，刚才一直坐在一辆旧货车里，这会儿和马丁内斯一起在路边闲逛。他上身穿件方格衬衫，下身穿一条细斜纹裤。

马丁内斯抬起头，望望四周。圣莫尼卡山被薄雾笼罩着，在蓝天的衬托下，呈现出条条银线。空气里带有一股秋天的清新气息。"是不错。"他说。

"下大雨时，瀑布就从那边下来。"老人继续说，手指一处悬崖峭壁。马丁内斯模模糊糊记起曾见过凶猛的瀑布从那悬崖边落下，溅起水花。当时自己一定是急着去什么地方路过那里，却无暇顾及美景。

一位小姐从车里钻出头，问道："山里有小路吗？"

老人笑着说："多得是！我在山里生活了22年，还有好多小路没走过呢。"

马丁内斯又记起州公园里有一个凉快的地方。在一个能热昏人的夏日，他非常偶然地发现了那个地方。那里树荫覆盖，阳光经过过滤，

已无灼感。这使他感到以前从未有过的安宁。现在，每当想起那个地方，马丁内斯还总觉得不是真的。

"你看到小狼了吗？"一个穿西服系领带的小伙子往前指着，想引起小姐的注意，"就在那儿！"

"我看见了。"小姐突然叫道。

小伙子很得意："冬天就要来了，"他解释道，"狼可能在寻找过冬的食物。"

"看好你的猫！"另一个妇女叫道。大家一下子都笑了。

许多被阻的开车人沿着路边聚集在一起，一些人照起相来，等待竟转变成了一项活动。这又使马丁内斯想起在邻里之间发生的事。

那是最近的一场水灾，路面被冲坏，电力中断。人们都从房子里出来聊天。一些人借着灯笼的光喝酒，并点起火堆做起饭来。

马丁内斯不由得想：是什么使我们谈起话来？是什么使我们聚在一起，在狂风怒号和交通阻塞时形成了小联盟？我们彼此在一起的时间太少了？

这时守护路障的年轻人用步话机喊道："好啦，路通了。"

马丁内斯看了看表，已经过去55分钟。他真不敢相信自己竟能等这长时间而不发疯。

一辆辆车的引擎发动了。马丁内斯看到那个年轻小姐递给穿西服系领带的小伙子一张纸条，或许有一天他们将一起在山上的小路上步行。

老人向马丁内斯招了招手，朝旧货车走去。

"嗨！"马丁内斯喊了一声，他转过身。

"你说得对，"马丁内斯说，"今天早晨真美。"

以欣赏的心情从积极的角度出发，用心态感受不同的人生——即使外界条件和境遇不是非常有利。生活需用心去感受，无论它带给你的是什么，你都会发现活着是一种精彩。

第五章 至人无己，神人无功，圣人无名
——庄子原来这样说生活态度

简单快乐的生活

【原典】

唯达者知通为一，为是不用而寓诸庸；因是己。己而不在其然，谓之道。

【古句新解】

只有通达的人才能了解这个通而为一的道理，因此他不用固执自己的成见而寓于各物；这就是因任自然的道理。顺着自然的路径行走而不知道它的所以然，这就叫做"道"。

自我品评

庄子认为应顺着自然的路径走而不知道它的所以然，才是真正的简单快乐。人人都想快乐生活，但快乐却不愿追随每一个人，只有真正懂得生活的人才知晓快乐的真谛——即简单。

你如何为简单下定义？或许它意味着有更多时间做你想做的事，而非把所有的事都塞在你每一分每一秒做。或许它意味着减少烦扰、工作、房子、船、别墅，以及堆在衣橱或贮藏室、地下室、车库内的财物。或许简单和你所有的无关，而是左右你该如何生活的原则——维持你应尽的义务，拥有你应有的财物，同时也奉行一套生活哲学，

让你在地球上的时光更有意义、更有价值。

诗人爱默生说过："没有一件事比伟大更为简单；事实上，简单就是快乐。"一个人未曾遭到日常琐事和焦虑的干扰，而简单地生活，这就是快乐。

简单应该是每一个人的目标，生活在简单中的人，就能够朝目标迈进，不至于误入歧途，而使我们丧失自我的伟大一面。

当你剔除心中的各种物欲和焦虑时，你就生活在简单中。简单表示单一的目标、表示必须停止批评，尽力而为，绝非模仿别人或抹煞自我。

简单的意义，不是幻想生活而是面对生活，祈求心灵的宁静。何须费心寻觅呢？它不在千里之外的岛屿上，而是深存在你的心中。你期望在生命中得到什么？你愿虚有其表而使自我心像萎缩？还是愿意以简单求得内在的安宁，而使自我心像日益真实？

记住梭罗的话："我们的生命不应虚掷于琐碎之事，而应该尽量简单，尽量快乐。"

最能体现追求简单的生活，崇尚真正的自由的人莫如下面这个故事的主人公：第欧根尼不是疯子，他是一个古代伟大的哲学家，通过戏剧、诗歌和散文的创作来阐述他的学说；他向那些愿意倾听的人传道；他拥有一批崇拜他的门徒，他言传身教地进行简单明了的教学。所有的人都应当自然地生活，他说，所谓自然的就是正常的而不可能是罪恶的或可耻的。抛开那些造作虚伪的习俗，摆脱那些繁文缛节和奢侈享受，只有这样，你才能过自由的生活。富有的人认为他占有宽敞的房子、华贵的衣服，还有马匹、仆人和银行存款。其实并非如此，他依赖它们，他得为这些东西操心，把一生的大部分精力都耗费在这上面。它们支配着他。他是它们的奴隶。为了攫取这些虚假浮华的东西，他出卖了自己的独立性，这唯一真实长久的东西。

第欧根尼躺在光溜溜的地上，赤着脚，胡子拉茬的，半裸着身子，模样活像个乞丐或疯子。可他就是他，而不是别的什么人。大清早，

第五章 至人无己，神人无功，圣人无名
——庄子原来这样说生活态度

他随着初升的太阳睁开双眼，搔了搔痒，便像狗一样在路边忙开了他的"公事"。他在公共喷泉边抹了把脸，向路人讨了一块面包和几颗橄榄，然后蹲在地上大嚼起来，又掬起几捧泉水送入肚中。他没工作在身，也无家可归，是一个逍遥自在的人。街市上熙熙攘攘，到处是顾客、商人、奴隶、异邦人，这时他也会在其中转悠一二个钟头。人人都认识他，或者都听说过他。他们会问他一些尖刻的问题，而他也尖刻地回答。有时他们丢给他一些食物，他很有节制地道一声谢；有时他们恶作剧地扔给他卵石子，他破口大骂，毫不客气地回敬。他们拿不准他是不是疯了，他却认定他们疯了，只是他们的疯各有各的不同，他们令他感到好笑。此刻他正走回家去。

他没有房子，甚至连一个茅庐都没有。他认为人们为生活煞费苦心，过于讲究奢华。房子有什么用处？人不需要隐私；自然的行为并不可耻；我们做着同样的事情，没什么必要把它们隐藏起来。人实在不需要床榻和椅子等诸如此类的家具，动物睡在地上也过着健康的生活。既然大自然没有给我们穿上适当的东西，那我们唯一需要的是一件御寒的衣服，某种躲避风雨的遮蔽。所以他拥有一条毯子——白天披在身上，晚上盖在身上，他睡在一个桶里，他的名字叫第欧根尼。人们称他为"狗"，把他的哲学叫做犬儒哲学。他一生大部分时光都在希腊的科林斯城邦度过，那是一个富裕、懒散、腐败的城市，他挖苦嘲讽那里的人们，偶尔也把矛头转向他们当中的某个人。

他的住所不是木材做成的，而是泥土做的贮物桶。这是一个破桶，显然是人们弃之不用的。住这样的地方他并不是第一个，但他确实是第一个自愿这么做的人，这出乎众人的想法。

他就这样生活着，有些人这样说，因为他全然不顾社会规范，而且还朝他所鄙视的人咧嘴叫喊。此刻他正躺在阳光下，心满意足，乐悠悠，比波斯国王还要快活（他常这样自我吹嘘）。他知道他将有贵客来访，但仍然无动于衷。

马其顿国王、希腊的征服者亚历山大正在视察他新的王国。他到

处受欢迎受尊崇受奉承。他是一代英雄。他新近被一致推举为远征军司令，准备向那古老、富饶而又腐败的亚洲进军。几乎人人都涌向科林斯，为的是向他祝贺，希望在他麾下效忠，甚至只是想看看他。唯独第欧根尼，他身居科林斯，却拒不觐见这位新君主。怀着亚里士多德教给他的宽宏大度，亚历山大决意造访第欧根尼。

亚历山大穿过两边闪开的人群走向"狗窝"，他走近的时候，所有的人都肃然起敬，第欧根尼只是一肘支着坐起来。国王进入每一个地方，所有的人都向他鞠躬敬礼或欢呼致意，第欧根尼一声不吭。

一阵沉默。亚历山大先开口致以和蔼的问候。打量着那可怜的破桶，孤单的烂衫，还有躺在地上那个粗陋邋遢的形象，他说："第欧根尼，我能帮你忙吗？"

"能，"第欧根尼说，"站到一边去，你挡住了阳光。"

一阵惊愕的沉默。慢慢地，亚历山大转过身，沉默不语。几分钟后，他对着身边的人平静地说："假如我不是亚历山大，我一定做第欧根尼。"因为亚历山大真正理解自由的含义。

不论你对简单下什么样的定义，其本质都是摆脱过剩的物质。你依然可以追求烹饪之乐，但却不必订数种美食杂志、累积收藏无数的食谱；你依然可以追求最新的时尚，但却不必同款鞋各买一色或买许许多多的领带；你依然可以买下别墅，却不必依平日家居的方式来布置它；你可以鼓励多交朋友，朋友却不必多到非得用名片检索的地步。

今天，请开始更简单的生活，不要理睬生活带给你的焦虑，不要让生活的繁杂压垮你本就不重的身体，也抛却你的所有物品，只取你所需要的，而非你所不可求的。

第六章 君子之交淡若水，小人之交甘若醴

——庄子原来这样说君子之交

太甜太近的朋友，发现其人品不如意，趣味不相投，也是悲哀，所以相亲不如远观，分开了，是更好。真正的朋友，不在乎平时多么亲密，多么无间，而在于危难之际，是否还能如一地站在你身边。真正的友谊像淡淡的茶香，有清香就够，不需多浓，却已是无尽回味。

第六章 君子之交淡若水，小人之交甘若醴
——庄子原来这样说君子之交

这才是真正的友谊

【原典】

君子之交淡若水，小人之交甘若醴；君子淡以亲，小人甘以绝。

【古句新解】

品格高尚的人相互的交往是道义之交，他们的交情像水一样清淡，小人的交情甜得像甜酒一样；君子淡泊却心地亲近，小人甘甜却利断义绝。

自我品评

"好朋友"的定义是什么？天天在一起？常常通电话？如果不能黏在一起，是不是就只能算做泛泛之交？如果真的是这样，那么从古流传至今的那句话"君子之交淡如水"其意义何在？事实上，好朋友贵在交心，深厚的友谊无需靠丰盛的宴席作为铺垫。为共同的事业、共同的目标一起奋斗的伙伴，彼此之间有着共同的追求，因此也对彼此有着深深的理解。这种友情，是工作顺利时的快乐分享，是患难与共时的相依相偎，更是遭遇困难时的鼎力相助。如果没有这种精神上的协调一致，即使时时相伴左右也是面和心不和。

有的人认为同事之间没有真正的友谊，其实同事之间共同为事业

奋斗，即使个性、爱好不大一致，但只要有大体相同的理想，为共同的目标工作，也能建立起深厚的友谊。如果觉得性格志趣合得来就每天形影不离，合不来就慢慢相互疏远，这样的做法只能在同事之间形成小团体，产生一种不和谐的气氛。

"君子之交淡若水"，是中国人长期以来推崇的理想交友境界；甚至奉为交友的准则，舍此莫取。"纯洁而伟大的友谊"被捧上了天，仿佛美神维纳斯一样理想和完美。确实，诸如马克思与恩格斯的友谊，刘、关、张的义交，俞伯牙与钟子期的知音之交，确实堪称"淡若水"的"君子之交"。无论富也罢，穷也罢，都能够同甘共苦，心灵相通，为了朋友，赴汤蹈火，万死不辞。

"管鲍之谊"，至今仍是人们津津乐道的一段轶事。其实司马迁写《管晏列传》，主要还是想赞扬鲍叔牙，对管仲则用了一点"春秋笔法"，贬而不露。和管仲在一起，吃亏的永远是鲍叔牙这样的老实人：跟朋友合伙做生意，甘愿拿最少的利润；朋友生活穷困潦倒，不惜重金屡屡资助；朋友官场仕途不得志，从不狗眼看人低，最后干脆把自己的位子拱手送给了朋友。管仲没有辜负鲍叔牙的一片情谊，在相国任上，把齐国治理得井井有条，民丰物阜。

因此，"管鲍之谊"一直被人们传为美谈。另外，俞伯牙与钟子期的知音之交也被后人传为佳话。俞伯牙从小就酷爱音乐，他的老师成连曾带着他到东海的蓬莱山，领略大自然的壮美神奇，使他从中悟出了音乐的真谛。他弹起琴来，琴声优美动听，犹如高山流水一般。虽然有许多人赞美他的琴艺，但他却认为一直没有遇到真正能听懂他琴声的人，一直在寻觅自己的知音。

有一年，俞伯牙奉晋王之命出使楚国。八月十五那天，他乘船来到了汉阳江口。遇风浪，停泊在一座小山下。晚上，风浪渐渐平息了下来，云开月出，景色十分迷人。望着空中的一轮明月，俞伯牙琴兴大发，拿出随身带来的琴，专心致志地弹了起来。他弹了一曲又一曲，正当他完全沉醉在优美的琴声之中的时候，猛然看到一个人在岸边一

第六章 君子之交淡若水，小人之交甘若醴
——庄子原来这样说君子之交

动不动地站着。俞伯牙吃了一惊，手下用力，"啪"的一声，琴弦被拨断了一根。俞伯牙正在猜测岸边的人为何而来，就听到那个人大声地对他说："先生，您不要疑心，我是个打柴的，回家晚了，走到这里听到您在弹琴，觉得琴声绝妙，不由得站在这里听了起来。"

俞伯牙借着月光仔细一看，那个人身旁放着一担干柴，果然是个打柴人。俞伯牙心想：一个打柴的樵夫，怎么会听懂我的琴呢？于是他就问："你既然懂得琴声，那就请你说说看，我弹的是一首什么曲子？"

听了俞伯牙的问话，那打柴的人笑着回答："先生，您刚才弹的是孔子赞叹弟子颜回的曲谱，只可惜，您弹到第四句的时候，琴弦断了。"

打柴人的回答一点不错，俞伯牙不禁又惊又喜，忙邀请他上船来细谈。那打柴人看到俞伯牙弹的琴，便说："这是瑶琴，相传是伏羲氏造的。"接着他又把这瑶琴的来历说了出来。听了打柴人的这番讲述，俞伯牙心中不由得暗暗佩服。接着俞伯牙又为打柴人弹了几曲，请他辨识其中之意。当他弹奏的琴声雄壮高亢时，打柴人说："这琴声，表达了高山的雄伟气势。"当琴声变得清新流畅时，打柴人说："这后弹的琴声，表达的是无尽的流水。"

俞伯牙听了不禁惊喜万分，自己用琴声表达的心意，过去没人能听得懂，而眼前的这个樵夫，竟然听得明明白白。没想到，在这野岭之下，竟遇到自己久久寻觅不到的知音，于是他问明打柴人名叫钟子期，和他喝起酒来。两人越谈越投机，相见恨晚，结拜为兄弟，约定来年的中秋再到这里相会。

和钟子期洒泪而别后第二年中秋，俞伯牙如约来到了汉阳江口，可是他等啊等啊，怎么也不见钟子期来赴约，于是他便弹起琴来召唤这位知音，可是又过了好久，还是不见人来。第二天，俞伯牙向一位老人打听钟子期的消息，老人告诉他，钟子期已不幸染病去世了。临终前，他留下遗言，要把坟墓修在江边，到八月十五相会时，好听俞

伯牙的琴声。

听了老人的话，俞伯牙万分悲痛，他来到钟子期的坟前，凄楚地弹起了古曲《高山流水》。弹罢，他挑断了琴弦，长叹了一声，把心爱的瑶琴在青石上摔了个粉碎。他悲伤地说："我唯一的知音已不在人世了，这琴还弹给谁听呢？"

两位"知音"的友谊感动了后人，人们在他们相遇的地方，筑起了一座古琴台。直至今天，人们还常用"知音"来形容朋友之间的情谊。交朋友要交真心的、忠诚的、正直的、善良的、智慧的。能一下子就跟你嘻哈打笑，相处过密的，往往最容易分开。朋友是建立在相互尊重的基础之上，如果连尊重都没有了，世间的许多感情，恐怕都不能维持。

德国大音乐家贝多芬和舒伯特之间的友谊被传为千古佳话。两人共同生活在维也纳三十五年之久，虽然只见过一次面，但却成为知己。当贝多芬作为维也纳古典乐派的代表人物，事业如日中天时，舒伯特只是一个默默无闻的音乐创作者。贝多芬生性孤僻，舒伯特深知他的个性且两人社会地位悬殊，所以从不敢贸然拜访。直到后来，因为一位出版商的盛情邀请，舒伯特才带着一册自己的作品前去拜访，不巧的是恰逢贝多芬外出，舒伯特只好留下作品，怅然而回。

然而，当贝多芬患病后，友人想调解他的寂寞，随手拿起桌上的一册书放在他的枕边，让他翻阅消遣，这册书正是舒伯特留下的作品集。贝多芬马上被其中的作品吸引住了，细心吟咏了一会儿，大声叫道："这里有神圣的闪光！这是谁做的？"友人告诉了他舒伯特的名字，贝多芬大加赞赏，大叹素昧平生。当贝多芬弥留之际，托人把舒伯特召至床前说："我的灵魂是属于舒伯特的！"贝多芬死后，舒伯特终日郁闷。一日他与三四个友人入酒店饮酒，一友人举杯提议："为席上先逝者干杯！"舒伯特应声站起，一饮而尽，仿佛是应验了可悲的谶语。18个月后，舒伯特也告别了人世。临终的时候，他向亲友交代："请将我葬在贝多芬的旁边！"后人对他们之间的友谊给予了最美好的

第六章 君子之交淡若水，小人之交甘若醴
——庄子原来这样说君子之交

赞誉，并为他们铸起了并立的铜像，至今仍屹立于维也纳广场。

现代人的生活离不开社交活动，这些形形色色的活动必定要花费大量的时间。如果为了节省时间而完全远离社交活动，是一种因噎废食的愚蠢做法。但如果把自己的时间全部花在和朋友游玩、谈心上，则没有了自己的私人空间。

一位作家曾经有过这样的经验：清晨，他正在埋头疾书，思绪如从蚕茧中抽丝一样，有条不紊。突然，一阵急促的敲门声打断了他的思路，开门一看，是他的一位好友，他只好把这位朋友让进房间。尽管看到作家正在进行创作，但这位朋友却依然十分健谈，自顾自地讲着自己的故事。作家沉默不语，但也不好打断他，只好静静地听着。不一会儿，就到了吃午饭的时间，这位朋友非常热情，拉着作家一起出去吃饭，一顿饭又花了两个多小时，作家满腹牢骚但又碍着朋友的面子不好发作。等到吃完饭，朋友终于心满意足非常高兴地离开了。作家回到家里，重新坐回书桌旁，却再也找不到创作的灵感了。想想看，这样的友谊多可怕！

毕竟社会是一个团体，它不能以一个人的存在而存在，所以，社会中的每个人都要有朋友，没有朋友的私生活是空虚的，是无聊的。交往和交友是每个人必不可少的社会实践活动。工作在交往中得到互利，生活在交往中得到互助，知识在交往中得到丰富，感情在交往中得到交流……可以说，离开交往，人们的生活是不可想象的。因此，每个人都应十分重视交往活动，珍惜相互间的友谊。

庄子的"君子之交淡若水，小人之交甘若醴。君子淡以亲，小人甘以绝"正说明了：品德高尚的人与朋友的交往清淡如水，所以能长久相亲，而品德卑劣的人与朋友交往只求名利之甘美，因而容易断绝。那么，为什么古人要把"淡若水"视为"君子之交"，而把"甘若醴"称为"小人之交"呢？理由有三：其一，水是维持生命之必需物质，寓意人对交往之需要如同对水的需要一样；其二，水无色透明，一眼见底，寓意人交往像水一样透明圣洁，心心相印；其三，水无添加剂

和杂质，不易腐蚀变质，寓意人的交往真挚无私，纯净持久。而酒或蜜等物质是不具备这些特性的。

正如古人说的那样："君子淡如水，岁久情愈真；小人口似蜜，转眼成仇人。"很多人确实是这样做的。他们能以德为本，上交不晦，下交不渎，道义相砥，过失相规，学问相补，困难共担，所以感情真挚，友谊长存。

人世间真正的友谊淡得像清水一样，它不以金钱、地位等为基础。所以那些在饭桌上面红耳赤地称兄道弟推杯换盏，动不动就为了"伟大的友谊"连干三碗的人们，不是真正的朋友。

第六章 君子之交淡若水，小人之交甘若醴
——庄子原来这样说君子之交

让你的反对者有说话的机会

【原典】

世俗之人，皆喜人之同乎己而恶人之异于己也。

【古句新解】

世俗的人，都喜欢别人和自己相同而讨厌别人和自己不同。

自我品评

要使别人对你感兴趣，那就先对别人感兴趣。最成功的商业会谈的秘诀是什么？注重实际的著名学者依里亚说："关于成功的商业交往，并没有什么秘密——专心地倾听那个对你讲话的人最为重要，没有别的东西会使他如此开心。照此下去，合作成功是自然的了，也再没有比这更有效的了。"

让你的反对者有说话的机会，让他们把话说完。不要打断他们或争辩，否则，只会增加彼此沟通的障碍。努力建立了解的桥梁，不要加深彼此的误解。其中的道理很明显，你无须在哈佛读上四年书才觉察这一点。不过，我们也经常看到这样的现象：有不少精明的商人会租赁昂贵的地盘，把店面装潢得漂亮精致，干练地购进不少的精美货物，还花了价格不菲的广告费，可是却雇用了一些不懂得倾听顾客说

话的店员——他们急急地打断顾客挑剔商品瑕疵的话头，与他们辩论、让人家难堪，甚至几乎把顾客气得一走了之。

倾听是我们对别人的一种最好的恭维。很少有人能拒绝接受专心倾听所包含的赞许。因此，如果你希望成为一个善于谈话的人，那就先做一个注意静听的人。要使人对你感兴趣，那就先对别人感兴趣。

实际上，即使那些喜好挑剔别人毛病的人，甚至一位正处于盛怒的批评者，也常会在一个具有包容心与忍耐力且十分友善的倾听者面前软化、妥协。

以纽约电话公司应付一个曾恶意咒骂接线员的顾客为例：这位顾客态度刁蛮，满腹牢骚十分不容易对付，他甚至威胁要拆毁电话，拒绝支付他认为不合理的费用，他写信发给报社，还向消协屡屡投诉，致使电话公司惹上数起诉讼案件。

最后公司中的一位经验丰富的"调解员"被派去访问这位不近情理的顾客。这位"调解员"静静地听着，并对其表示同情，让这位好争论的仁兄尽情发泄他的满腹怨言。

"我在他那儿静听了几乎有3个小时，"这位"调解员"讲述道，"以后我再到他那里，仍然耐心地听他发牢骚，我一共访问了他四次，在第四次访问结束以前，我已成为他正在创办的一个团体的会员，他称之为'电话用户权利保障协会'。我现在仍是该组织的会员。有意思的是，就我所知，除这位先生以外，我是这个地球上它唯一的会员。"

"在这几次访问中，我耐心倾听，并且同情他所说的每一点。从未像电话公司其他人那样同他谈话，他的态度慢慢变得和善了。我要见他的真实目的，在第一次访问时没有提到，在随后的两次也没有提到，但在第四次我圆满地解决了这一纠纷，使他把所有的欠账都付清了，他也撤销了向消协的投诉。"

毫无疑问，这位仁兄自认为在为正义而战，在为保障公众的权利而战。但实际上他需要的是自重感。他试图通过挑剔、刁难来得到这种自重感，当他从公司代表那里得到自重感后，他所谓的满腹牢骚就

第六章 君子之交淡若水，小人之交甘若醴
——庄子原来这样说君子之交

化为乌有。

记住，你可以根据一个人在什么情况下会发脾气的情形，测定这个人的肚量有多大。与此类似的还有一个故事。多年前的一个早晨，有一位怒气冲冲的顾客，闯入德迪茂毛呢公司创办人德迪茂的办公室内。

德迪茂先生说："他欠我们15美元，却不承认这件事，我们的财务部坚持要他付款。在接到我们财务部职员的好几封催款信以后，他收拾行装来到芝加哥，冲进我的办公室，告诉我说，他不但不付那笔账，并且永远不再买德迪茂公司的东西。

"许多事件都表明，当有人提出不同意见的时候，你第一个自然的反应是自卫。你要慎重，你要保持冷静，并且小心你的直觉反应。这可能是你最薄弱的地方，而不是你最好的地方。我耐着性子听他说话，几次几乎要中止他，但我知道那对他没有用处，我要让他尽量发泄不满。等他终于冷静下来，可以听进别人说话的时候，我平静地对他说："谢谢你到芝加哥来告诉我这件事，你帮了我一个大忙，因为如果我们财务部惹恼了你，他们也许会惹恼别的主顾，那样就太糟了。真要谢谢你告诉我这一切。

"他似乎有点措手不及，万没料到我会说出这番话。我想他当时肯定有点失望，要知道他到芝加哥来是要向我找事挑衅的，但我在这里反而感谢他，而不与他争论辩斗。我真心实意地告诉他也许是记错账了，我们打算在账中注销那笔15美元的账款并将此事忘掉。我对他说，他是一个很细心的人，又只需照顾自己的一份账目，而我们的员工却要同时料理数千份账目，所以他会比我们记得更准确。我告诉他我十分了解他的感受，如果我处在他的位置上，我也会有类似的举动。由于他说不想再买我们的东西，所以我还向他推荐了几家别的公司。

"在那之前，他来芝加哥时，我们常一同用餐。那天我照旧请他吃饭，他似乎不太好意思地答应了，但当我们回到办公室的时候，他马上订下了很多的货物，然后他心情舒畅地回去了。为了表示自己的坦

193

诚，他重新检查了他的账单，结果发现有一张放错了地方，接着他便寄给我们一张15美元的支票，还诚恳地道了歉。"

如果有些地方你没有想到，而有人提出来的话，你就应该衷心感谢他。不同的意见是你反省自己的最好机会，而承诺和倾听也必须要发自真心。你的反对者提出的意见可能是对的。在这时，同意考虑他们的意见是比较明智的做法。如果等到反对者对你说："我们早想告诉你了，可是你就是不听。"那将使你更难堪。

马克先生可能是世上最出色的名人访问者，他说："许多人不能让他人对自己产生好印象，是因为他们不注意听别人讲话。"

一般人往往非常关心自己随后要讲什么，却不愿意张开自己的耳朵倾听。几位名人曾经说过，他们喜欢善于倾听者，不喜欢别人打断自己的话头，但善于倾听的能力，好像比任何其他好性格都更难得。不仅名人喜欢别人听他倾诉，普通人也是如此，正如《读者文摘》中所说："许多人之所以请医生，他们所要的只不过是一个听众而已。"

美国南北战争最困难的时期，林肯写信邀请在伊里诺斯的一位老朋友到华盛顿来。林肯说，他有些问题要与他讨论。这位老朋友到白宫拜访，林肯同他谈了数小时关于解放黑奴的宣言是否适当的问题。林肯将赞成和反对此事的理由都加以阐述，然后又读一些谴责他的文章，其中，有的怕他不放黑奴，有的却怕他释放黑奴。谈论几小时后，林肯与他的老朋友执手道谢，送他回伊里诺斯，整个谈话过程中竟然没有征求老朋友的意见。所有的话都是林肯说的，就好像是为了舒畅他的心境。

"谈话之后他似乎轻松了许多"，这位老朋友说，"林肯没有要求提意见，他要的只是一位友善、同情的倾听者，使他可以发泄苦闷的心情。那是我们在困难中都迫切需要的，那些发怒的顾客、一些不满意的雇员、感情受到伤害的朋友也都是如此。"

如果你甘愿使人当面回避你，背后笑你，甚至轻视你，这里有一个最好的办法：决不倾听别人说话，并且不断地向他谈论你自己。如

第六章 君子之交淡若水，小人之交甘若醴
——庄子原来这样说君子之交

果别人在讲话时，你有自己不同的意见，别等他说完，他没有像你一样的伶牙俐齿。为什么要浪费自己的时间去听他人无谓的闲谈？即刻插嘴，在他一句话还没说完时就打断他。噢，接下来你的目的就实现了，你很快就会变得人见人烦。

因此，如果你希望成为一个善于与人沟通的高手，那你就得先做一个注意倾听的人。要使别人对你感兴趣，那就先对别人感兴趣。问别人喜欢回答的问题，鼓励他人谈论他自己及他所取得的成就。

不要忘记与你谈话的人，他对他自己的一切，比对你的问题要感兴趣多了。他留意他脖子上的小痣比关注加勒比地区的六级地震还要充满热情。

南美一家电脑公司总裁安德烈·那瓦诺曾进一步深入地阐释了这个话题。他说："我们常说听而不闻，很多人听别人说话时，都在想自己的事，根本没有真正用心聆听对方说什么。真正的聆听绝不只是听而已。"

倾听者虽然不开口说话，但聪明的倾听者往往积极地参与对话，当然这不容易做到。要做到善于倾听别人的谈话很重要的一点，就是要全心全意，而且要真心投入，还能不时地问一些问题，鼓励对方多谈。其中包括机智、周到、不离题、简洁等特点。

其实，表示积极参与谈话的方式很多，绝不需要动不动就插嘴以打断别人的讲话。方式虽然很多，但我们用不着招招纯熟。

善于聆听的人经常应用几种自然轻松的方式，关键是要实际有用。这些方式包括偶尔点点头，偶尔附和一两声。有些人会换个姿势或俯身向前，有时候微笑一下或挪一下手。而目光的交流最能显示你是一位友好的人，因为这表示："我在非常认真地听你说自己喜欢的事情。"谈话中途停顿时，可以提出相关的问题，继续让他表现下去，让他有话可说、能说、想说。

最为关键的并不是你到底应该采取哪一种倾听技巧，因为这绝不是一件机械的或一成不变的事。这些只是当你感觉很好时可以用的几

个方式，它们会使跟你谈话的人变得更有兴致。

下次当你开始谈话的时候，就想着这一点：如果你要使人喜欢你，那就记住：善于倾听，会让你处处受人欢迎。

为什么你一定要与对方辩论到底以证明是他错了？这么做除了让你感到一时的快意之外还有什么作用呢？能使他喜欢你？或是能让你们的合同签订？为什么不给人留点面子呢？他并没征求你的意见啊！他不需要你的意见，为什么还与他人争论不休？要想拥有良好的人际关系，要想使自己在事业上游刃有余，在朋友中广受欢迎，在家庭中和睦相处，你最好永远避免和别人发生正面的冲突。

"永远避免和别人发生正面的冲突。"这一教训非常重要。有个喜欢辩论的学者，在研究过辩论术，听过无数次的辩论，并关注它们的影响之后，得出了一个结论：世上只有一个方法能从争论中得到最大的利益，那就是停止争论。你最好避免争论，就像避免战争或毒蛇那样。

你永远不能从争论中取得胜利。如果你辩论失败，那你当然失败了；如果你得胜了，你还是失败了。这是因为，就算你将他驳得体无完肤，一无是处，那又怎样？你觉得自我感觉良好是不是？但他会怎么认为？你使他觉得自惭形秽、低人一等，你伤了他的自尊，他不会心悦诚服地承认你的胜利。即使他表面上不得不承认你胜了，但他心里会从此埋下怨恨的种子！

波音人寿保险公司为他们的推销员立下一条规则："不要争论！"真正完美、有效的推销，不是靠争论得来的，甚至最不易让人觉察的争论也要不得。因为争论并不能让人改变自己的意愿。正如充满智慧的富兰克林所说："如果你辩论、争强，你或许会获得胜利；但这种胜利是得不偿失的，因为你永远无法得到对方的好感。"

因此，你要自己好好权衡一下，你想要什么？只图一时口才表演式的快感，还是一个人的长期好感？在你进行辩论的时候，你也许是绝对正确的。但从改变对方的思想上来说，你大概一无所获，一如你

第六章 君子之交淡若水，小人之交甘若醴
——庄子原来这样说君子之交

错了一样。

美国总统威尔逊任内的财政部长威廉·麦肯锡，以多年政治生涯获得的经验，归结为一句话："靠辩论不可能使无知的人服气。"

"无知的人"麦肯锡说得太保守太片面了，实际情况是：不论对方聪明才智如何，你也不可能靠辩论改变他的想法。

举个例子，有一次税务代理员巴森仕与一位政府税收稽查员，因为一项9000美元的账款是否实际发生的问题争辩了一个小时。巴森仕先生声称这9000美元是一笔死账，永远收不回来，当然他认为也不应纳税。"死账？胡说！"稽查员反对说，"那也必须纳税。"

"这位稽查员十分傲慢并且固执，"巴森仕说，"任何解释对他是毫无用处的，我想我们辩论得越久，他越固执。所以我决定不再与他理论，并改变话题，说些使人愉快的话。"

然后他说："比起其他要你处理的重要而又困难的事务，我想这实在是一件不足挂齿的小事。我也曾研究过税收问题，但那只是从书本中得到的死知识，而你的知识是从实务经验中获得的，有时我真想有份像你这样的工作，那样的话，我就可以从中学到很多东西。"他说的十分真诚。"这么一来，那稽查员直起身来，向后一倚，讲了很多关于他工作的话题，他告诉我他所发现的许多舞弊的巧妙方法。他的声调渐渐地变得友善，接着他又谈起他的孩子来。临走的时候，他告诉我要再考虑一下我提出的问题，过几天，他会给我答复。"

"3天之后，他打电话通知我，他已经决定不征那笔款的所得税了，一切按照我们所填报的税目办理。"

这位稽查员身上表现的正是一种最常见的人性弱点，他需要别人的尊重。巴森仕先生越是想与他辩论，他越想扩大自己的权限，满足他的自尊感。可一旦满足他，辩论便立即停止，因为他的自尊心得到了满足，他就变成了一位充满同情心和宽容心的人。

拿破仑的管家康斯坦常与拿破仑的妻子约瑟芬打台球。在他所著的《拿破仑私生活回忆录》中说："我虽然球技比她好，但我总是让

她赢我，这样她会非常高兴。"我们要从康斯坦那里学到一个教训。我们不妨使我们的客户、朋友、丈夫、妻子在偶然发生的不影响大局的争论上胜过我们。

释迦牟尼说："恨不能止恨，爱却可以。"误会永远不能用辩论结束，它需用技巧来协调，用宽容与理性来消融。

生活中并没有那么多的不同意，许多事情都是可以找到双方折衷的一面的。任何肯花时间表达不同意见的人，必然和你一样对同一件事情很关心。把他们当作要帮助你的人，或许就可以把他转变为你的朋友。必须明白，人活着是需要有适度妥协和灵活的。

第六章 君子之交淡若水，小人之交甘若醴
——庄子原来这样说君子之交

要赢得人心，先尊重别人

【原典】

以贤临人，未有得人者也；以贤下人，未有不得人者也。

【古句新解】

以贤人自居而且凌驾于他人之上，不会获得人们的拥戴；以贤人之名而又能谦恭待人，绝对不会得不到人们的拥戴。

自我品评

尊重是相互的，你想要别人尊重你，你就先得去尊重别人。有些人不懂得尊重别人，抓到别人一点点不是，就大肆宣扬，骂得口沫横飞，却自以为了不起，这是对道德修养的亵渎；不考虑别人的想法，做事我行我素，把自己的处事方式强加于别人身上，这是对他人的不敬。像这样的人，怎么会得到别人的尊重？这种人只会被别人唾弃、鄙夷、不齿。

西方有句话说的好："你希望别人怎样对待你，你就应该怎样对待别人。"这句话被大多数西方人视为工作中待人接物的"黄金准则"。

俗话说："己所不欲，勿施于人。"做人的一个基本原则就是尊重别人。尊重别人的一个重要表现就是设身处地为别人着想，为别人的

方方面面着想。

在职场交往中,自己对待别人的态度往往决定着别人对自己的态度,就如同你站在镜子跟前,你笑时镜子里的人也跟着笑;你皱眉时镜子里的人也皱眉;你对着镜子大喊大叫,镜子里的人也对你大喊大叫。因此,要想获得他人的好感和尊重,首先必须尊重别人。

在与人相处中,"互相尊重"的原则也是我们所应坚持奉行的,它使我们能以自己之心去体悟别人的合理要求,不违背别人的合理情意,节制自己,不执著于自己的意愿与利益,学会并更好地为别人着想,君子的处世风度因此而得以建立。在此基础上,才可使人人都能生活在以和为贵的环境中。

人与人之间的关系并不只存在被尊重,相应的,想得到别人的尊重就要学会尊重他人,这是基本的道德修养。作为领导者,要懂得尊重别人才能赢得人心。

孟子曾说过:"爱人者,人恒爱之;敬人者,人恒敬之。"一个人在与他人的交往中,如果能很好地理解他人、尊重他人,那么他一定会得到他人百倍的理解和尊重。在与他人交往中,要时时本着"设身处地"的思想,去理解他人、尊重他人、体贴他人,切不可恃才傲物,视他人如同"酒囊饭袋"一般,用语言去嘲讽、羞辱他人。在羞辱他人的同时,实际上也是在贬低你自己的人格。

"人非圣贤,孰能无过"。由于一个人的知识水平、价值观念、所处的环境和对事物的认知程度等因素的差异,对某些问题的看法必然存在或多或少的偏差和失察。无论是伟人、名人,还是普通凡人,都会有过错。因此,每个人都应该学会尊重、善待别人的批评,以一种理性、谦虚、真诚的心善待别人的批评。切不可替自己"护短",对批评不屑一顾,反唇相讥、嘲讽、谩骂、打击报复。要知道,别人善意的批评和诤言,是对你的关心和爱护,是对你的尊重和信任。

尊重别人首先要学会欣赏。欣赏是一种积极的乐观向上的人生态度,是建立在善于发现和摒弃嫉妒、悲观厌世的不良心理基础之上的

第六章 君子之交淡若水，小人之交甘若醴
——庄子原来这样说君子之交

优秀品质。要学会欣赏他人的貌美、体健、学厚、文博……欣赏老年人之经验丰富，中年人之年富力强，青年人之青春与活力，少年人之天真烂漫。总之，只要愿意欣赏，就总能找到欣赏的理由。只要学会了欣赏，就学会了尊重。

其次，要有"三人行，必有我师"的良好心态。在我们周围，不乏学习的楷模。他人仪表美、心灵美、语言美、品质美都是我们学习的好榜样。他人渊博的知识，敏捷的思维，善辩的口才，杰出的才华，精湛的技艺，完美的人格，丰富的爱心，奉献的精神，等等都是值得我们仰慕与学习的。确立"三人行，必有我师"的处世哲学，就学会了尊重他人。

要尊重别人的隐私，即使是私下里，也不要随便谈论同事的隐私，特别是在公司范围内，无论是在办公室、餐厅，还是盥洗室。

不要迟到。有些人似乎有迟到的"习惯"，但那很有可能成为别人"诟病"的话柄。即使你迟到一两次，也有可能被别人夸大成"经常"，而且你还没有解释和申辩的权利，因为你没有证据。

不要因为个人好恶影响工作。你可以不喜欢一个人，但是你要懂得如何在工作中和他合作。工作和交朋友是两码事，丢掉个人感情，共同完成任务才是最重要的。

不要太严厉。也许你有理，也许是同事没有把工作做好，但是你的严厉态度在别人眼里，却只会是刻薄的表现。你平日连招呼也不跟同事打一个，跟同事间的唯一接触就是开会或交代工作，这样的你怎么能赢得人心呢？

古人说："我敬人一尺，人敬我一丈。"意思就是说，只要学会了尊重别人，别人也一定会加倍地尊重你。如果你想自己处处有好的人缘，你想得到别人的尊重，你想使自己的人生更加完美，就要学会尊重别人！

战国时的信陵君，是一位很善于进行感情投资的人，得到的回报也很丰厚。魏国有个名叫侯嬴的隐士，年已七十，只做大梁城看守东

门的小吏，家境十分清贫。信陵君亲自去拜访，馈赠给他贵重的礼物，可他都婉言谢绝。于是，信陵君大宴宾客，等酒宴摆设好，客人坐定以后，亲自带着随从车马，往东门迎接侯嬴。

侯嬴上车并不谦让，直接坐在尊位上，一面暗中观察信陵君。信陵君驾驭着马车，态度更加恭敬。过一会儿，侯嬴对信陵君说："我有个朋友在屠宰场里，希望能委屈您与我一同去看望他。"

信陵君就将车驾到市场里，侯嬴下车会见自己的朋友朱亥，故意站着和朱亥谈话，很久不理睬信陵君，并继续观察他的反应。信陵君的脸色一直很温和。

这时信陵君家里高朋满座，等他回来开宴。市人都好奇地观看信陵君的驾车，信陵君的随从暗骂侯嬴。侯嬴看到信陵君始终和颜悦色，态度诚恳恭敬，于是告别朱亥回到车上。回到家，信陵君请侯嬴坐上尊位，并向他一一介绍在座的将相、宗室，这使宾客都为之惊讶。

宴会上，信陵君站起来，到侯嬴席前敬酒。侯嬴告诉信陵君说："今天我让您为难得够多了。我不过是一个守东门抱门闩的人罢了，然而您却亲自驾着车马，迎接于大庭广众之中。本来是不应该让您这样做的，但您却这样做了。我为了成就您礼贤下士的美名，所以我故意让您和车马久立于市区，使来往的人围观您。但您的态度愈加恭谨，于是市人都认为我是小人，而盛赞您是一位能礼贤下士的长者。"

这是侯嬴受到尊重后对信陵君的报答。尊重是一门学问，尊重别人，就是尊重自己，就是将自信、善良和宽厚播种在他人的心田。学会尊重别人既是一种待人接物的态度，也是一种高尚的道德品质，它能化解人与人之间的矛盾，增强人与人之间的友情，使自己成为一个品德高尚的人，自然容易赢得人心。

第六章 君子之交淡若水，小人之交甘若醴
——庄子原来这样说君子之交

精诚所至，金石为开

【原典】

不精不诚，不能动人。

【古句新解】

不真诚就不能打动别人。以诚待人，表里如一，不可虚伪。如果表面一套，心里一套，阳奉阴违，终究会露出马脚。

自我品评

西汉名将李广精于骑马射箭，作战非常勇敢，被称为"飞将军"。有一次，他去打猎，忽然发现草丛中蹲伏着一只猛虎。李广急忙挽弓搭箭，全神贯注，用尽气力，一箭射去。他以为老虎一定中箭身亡，于是走近前去观看，没想到被射中的竟是一块形状很像老虎的大石头。不仅箭头深深射入石头当中，而且箭尾也几乎全部射进去了。李广很惊讶，他不相信自己能有这么大的力气，于是想再试一试，就往后退了几步，张弓搭箭，用力向石头射去。可是，一连几箭，有的箭头破碎了，有的箭杆折断了，而大石头一点儿也没有受到损伤。

人们对这件事情感到很惊奇，疑惑不解，于是就去请教学者。学者回答说："如果诚心实意，即使像金石那样坚硬的东西也会被感动

的。""精诚所至，金石为开"这一成语也便由此流传下来。

西汉末年，当汉光武帝刘秀展开地图，总结其统一天下的战绩时，他不禁茫然，便对幕僚邓禹说："天下如此辽阔，如今我才平定了一些小郡，要到哪年哪月，才能使全国安定下来？我真是没有把握呀！"

邓禹回答说："的确，现今天下群雄并起，战乱不息，前景难测。但是万众都盼望着明君的出现。自古以来，兴亡都在于仁德的厚薄，而不在于土地的多少。只要您不灰心丧气，一心一意积王者之德，最终天下一定会归于统一的。"

刘秀采纳了邓禹的建议。半个月后，他率领将士击败了称做"铜马"的农民军。对那些愿意归降的将士，非但不治罪，反而保留原职让他们参加汉军，继续作战。对归降的将领们还一一封侯，并下了一道命令："投降军队不予整编，维持原编制，各降军将领仍复原位，带领原部下参战，本部不做干涉。"刘秀这样对降军恩宠有加，致使他们都不敢相信，心中不免充满疑惑及不安。但刘秀为了观察其实际反应，经常一个人单骑巡视各营地。众降军将士见刘秀如此诚恳，便产生了景仰之心，都异口同声地说："刘秀能推赤心置人腹中，诚恳待人，不怀疑我们，真乃是一位度量宏大的宽仁长者！以前我们以小人之心度君子之腹，怀疑他居心叵测，回想起来实感惭愧。为报君主的知遇之恩，上刀山、下火海，我们在所不辞！"

从此，这些降将跟随刘秀南征北战，披荆斩棘，赴汤蹈火，为最终平定天下，建立东汉王朝，立下了汗马功劳。

日本有一家地方性报纸《佐贺报》，它在邻近的福冈县大报社的竞争夹缝中历经110年而没有被挤垮，靠的就是处处为用户打算的真心诚意。

佐贺北临日本海，南接太平洋，是典型的海洋性气候，经常下雨给报纸的递送带来了很大的困难。《佐贺报》的董事长说："下雨天送去湿漉漉的报纸实在说不过去。"所以凡是阴雨连绵的早晨，每一位《佐贺报》的订户，都会收到一份用塑料袋细心包裹着的报纸。《佐

第六章 君子之交淡若水，小人之交甘若醴
——庄子原来这样说君子之交

贺报》对读者的这份真诚和温馨，是它历经百年而不倒的经营秘诀。

李嘉诚可谓白手起家的楷模，他靠塑料花、塑料玩具掘得了第一桶金，从而势不可当，一举成为香港华资地产界的领头羊、世界华人首富。

1986年，李嘉诚首次登上香港年度财阀宝座，1988年，又被《财富》杂志评选为世界华人首富。2004年《福布斯》公布的世界亿万富豪排行榜显示，他排名第19位，净资产124亿美元。他被中国人称为"香港超人"，是近代企业家成功的楷模，是当今全世界华人的偶像。

刚刚创办自己的工厂，李嘉诚保持的依旧是"行街仔"——推销员时的老作风：风风火火，雷厉风行。李嘉诚每天清晨就外出推销或采购，赶到办事的地方，别人正好上班。他从不打的，距离远就乘巴士，近的就双脚行走。他是那种温和持稳、不急不躁之人，行走起来却快步如风。如今李嘉诚年逾古稀，仍保持疾步的习惯。

中午时，李嘉诚疾急如星火地赶回工厂，先检查上午工人的工作，然后跟工人一道蹲在地上吃简单的工作餐。

李嘉诚也明白"文武之道，一张一弛"的道理，当长江厂稍有了盈利的时候，他就抽出钱来，改善工人们的伙食和就餐条件，让工人们轻松一下，这样做有助于稳定员工队伍。当第一次看到产品从压塑机模型中取出来的时候，李嘉诚就像中年得子般兴奋异常。节俭的他并因此破例奢侈一次，带工人们一起到小酒家聚餐以庆贺。

"你必须以诚待人，别人才会以诚相报。"李嘉诚与塑胶同行如是说。李嘉诚常说自己是个悭吝之人，而他的部属们却说他"悭己不悭人"。李嘉诚真心实意地对待自己的员工，使长江厂具备了坚固的凝聚力。初创时期的长江厂条件异常艰苦，但是基本上没有工人跳槽。以诚待人既是一种心态、一种情绪，更是一种素质、一种智慧。

一位老人因患老年痴呆症，失去记忆。家里人请外地专家来诊断，专家开了"思尔明"，这是一种改善脑梗塞后遗症引起的意欲低下和情感障碍的药物。这种药物价格较贵也很少见，老人的家属跑遍了整个

县城也没买到，便抱着试试看的想法来到药店。店里有一位叫小丽的店员热情地接待了他们。当时药店也没有这种药，小丽记下了那位老人家属的联系电话，安慰他的家属说："你们不用着急，我帮你们联系一下供货单位，看有没有这种药，三天之内我给你们一个满意的答复。"随后，小丽便与一些大的供货单位联系，但都没有货。两天过去了，为了兑现自己的诺言，小丽特意去南京零售药店以零售价为这位老人购买了十盒药，当天回来后，小丽连夜将药送到顾客手中。不仅一分钱没赚，反倒贴了来往的路费。老人全家感动极了，从这以后，老人的家人就成了他们药店的常客，他们每次去买药，还顺便给店员带些小零食、小特产，是"诚心"拉近了商家与顾客的距离。

还有一次，一位青年女子到药店大声嚷嚷着要买两瓶安定片，小丽对她说："安定片要凭处方才能购买，而且每次不能超过七天的剂量！"这位显得有点精神恍惚的青年女子用手捶着玻璃柜台说："少废话，今天卖也得卖，不卖也得卖！"小丽仍耐心地向她解释道："不是我不卖给你，这是国家的规定，我们要为顾客的健康着想，不能卖的药我坚决不卖！"

没想到这位女青年真的攥起拳头就要砸柜台，药店包括小丽在内的几个店员好不容易才劝住她。事后小丽才知道，原来这是一位因失恋而导致精神错乱的女青年。这位女青年的家人知道此事后很感动："太谢谢你们了，如果不是你们对工作负责，后果将不堪设想。在你们这里买药我们消费者放心！"这就是诚心待人所换来的回报。

其实，顾客们花钱购买商品，除了以钱换物之外，还希望得到另一种不花钱的额外商品，那就是营业员的"诚意"。诚意就是对消费者发自内心的尊重。俗话说"你敬我一尺，我敬你一丈"，没有哪一位顾客愿意看到营业员爱理不理的后娘面孔，也不会有人欣赏那种千呼万唤不吭声的哑巴式营业作风。这种服务态度就是对顾客的不尊重，是一种缺乏诚意的经商作风。只有用真诚、有礼貌的服务使顾客心满意

第六章 君子之交淡若水，小人之交甘若醴
——庄子原来这样说君子之交

足，才能赢得回头客。以诚待人，用心做事，是对人、对事、对工作的一种认定，是做人的首要条件。

常言道：待人要真真诚诚；做事要踏踏实实；为官要清清白白。这句话说起来容易，真正做起来却很难！究竟怎样才能以诚待人，用心做事呢？

做事先做人，这无疑是对做人提出了更高的要求，这是一种理念，是一种心态。首先要学会尊重别人、善待别人，这就是别人常说的以诚待人。待人首先要用心去换心，以真诚去缔造真诚，以友谊去缔造友谊，换回来的才是别人对你的真诚。要想以诚待人，首先要学会做人，堂堂正正做人是为人的最基本准则，是一切道德之首，是人格品德的核心所在。它包含了丰富的内容：在事业追求中，视集体的利益、人民的利益高于一切，爱岗敬业、无私奉献；在这种前提下来谈待人，应该是谦虚谨慎，不骄不躁，说老实话，办老实事，做到言行一致，表里如一，在生活中要严格要求自己，以平常心处事，不与他人攀比。

堂堂正正做人，真真诚诚待人，是做事的基础和前提。无论何时何地，用堂堂正正做人，真真诚诚待人的标准去规范自己的言行，才能成为他人的楷模。只有堂堂正正做人，才有资格去倡导高尚的道德情操，才能做到以诚待人，严于律己。以诚待人，贵在真诚无私，贵在互相关心。用心做事，贵在踏踏实实，贵在勤勤恳恳。

人来到这个世界上，蹒跚学步时摔了很多跤，等到可以自如地行走了，就要穿过一个个人群，如果不慎或不防备，同样会摔跤，被人挤伤，被人踩踏，或者去挤伤、踩踏别人。于是多少人为此而希望有个良好的人际环境，不伤害别人，也不被别人伤害，快乐幸福地学习、工作，享受生活。

人活着不是为了虚妄地消磨时光，而是想好好地打理自己的人生，所以为人处世是一辈子也丢不掉的必修课。我们在付出的同时，渴望获得和拥有一份真实。我们敏感的心灵不会为虚假的感情激动，我们

的眼、耳、鼻、舌、身都不是为那些虚假的东西而存在的。无法想象，我们有一天听到与看到的全是假东西，什么友情、什么爱情、什么公平、什么正义，都是虚伪的，那么将是多么令人沮丧啊！

　　以诚待人，像是为自己植一棵树，给世界一片绿荫，给人心一片清凉。

第六章 君子之交淡若水，小人之交甘若醴
——庄子原来这样说君子之交

交往避"雷区"，不要戳人痛处

【原典】

鹄不日浴而白，乌不日黔而黑。

【古句新解】

白色的天鹅不需要天天沐浴毛色自然洁白，黑色的乌鸦不需要每天用黑炭浸染毛色自然乌黑。黑和白本身没有好坏优劣的问题，不要去嘲笑乌鸦的黑和天赞美鹄的白，要知道它们是天生的啊。

自我品评

一切人或物都有自认为光彩的一面，交往中切勿忽视这一点，而专往他人的伤口上撒盐。

明太祖朱元璋出身贫寒，做了皇帝后自然少不了有昔日的穷哥们儿到京城找他。这些人满以为朱元璋会念在昔日共同受罪的情分上，给他们封个一官半职，谁知朱元璋最忌讳别人揭他的老底，以为那样会有损自己的威信，因此对来访者大都拒而不见。

有位朱元璋儿时一块光屁股长大的好友，千里迢迢从老家凤阳赶到南京，几经周折总算进了皇宫。一见面，这位老兄便当着文武百官大叫大嚷起来："哎呀，朱老四，你当了皇帝可真威风呀！还认得我吗？当年咱俩可是一块儿光着屁股玩耍，你干了坏事总是让我替你挨

打。记得有一次咱俩一块偷豆子吃,背着大人用破瓦罐煮,豆还没煮熟你就先抢起来,结果把瓦罐都打烂了,豆子撒了一地。你吃得太急,豆子卡在嗓子眼儿还是我帮你弄出来的。怎么,不记得啦!"

这位老兄还在那喋喋不休唠叨个没完,宝座上的朱元璋再也坐不住了,心想此人太不知趣,居然当着文武百官的面揭我的短处,让我这个当皇帝的脸往哪儿搁?盛怒之下,朱元璋下令把这个穷哥们儿杀了。这就是戳人痛处的下场。

在待人处世中,场面话谁都能说,但并不是谁都会说,一不小心,也许你就踏进了言语的"雷区",触到了对方的隐私和痛处,犯了对方的忌讳,对听话者造成一定的伤害。其实,每个人都有所长,亦有所短,待人处世的成功,一个很重要的因素就是善于发现对方身上的优点,夸奖对方的长处,而不要抓住别人的隐私、痛处和缺点,大做文章。

"揭短",有时是故意的,那是互相敌视的双方用来作为攻击对方的武器。"揭短",有时又是无意的,那是因为某种原因一不小心犯了对方的忌讳。有心也好,无意也罢,在待人处世中揭人之短都会伤害对方的自尊,轻则影响双方的感情,重则导致友谊的破裂。

有这样一个真实的例子,有一群人在看电视剧,剧中有婆媳争吵的镜头。张大嫂便随口议论道:"我看,现在的儿媳真是不知道好歹,不愿意和老人住在一起。也不想想以后自己老了怎么办?"话未说完,旁边的小齐马上站了起来,怒声说:"你说话干净点,不要找不自在,我最讨厌别人指桑骂槐!"原来小齐平素与婆婆关系失和,最近刚从家里搬出另住。

张大嫂由于不了解情况,无意中揭了别人的短而得罪了小齐。由此我们知道,只有了解交际对象的长处和短处,为人处世才不会伤人也伤己。还有一个相类似的例子。有一位年轻的姑娘长得很胖,吃了不少的减肥药也不见效果,心里很苦恼,也最怕有人说她胖。有一天,她的同事小张对她说:"你吃了什么呀,像吹气儿似的,才几天工夫,

第六章 君子之交淡若水，小人之交甘若醴
——庄子原来这样说君子之交

又胖了一圈儿。"胖姑娘立马恼羞成怒，"我胖碍着你什么了？不吃你，不喝你，真是狗咬耗子，多管闲事！"小张不由闹了个大红脸。在这里，小张明知对方的短处，却还要把话题往上赶，这自然就犯了对方的忌讳，不找麻烦才怪。

所以，还是俗话说得好，"打人不打脸，揭人不揭短"，要想与他人友好相处，就要尽量体谅他人，维护他人的自尊，避开言语"雷区"，千万不要戳人痛处！

一位女士的宝贝女儿，从剑桥毕业回国之后，在特区一家金融机构供职，每月数万港元薪水。这位女士当然相当自豪，她面对亲朋好友时，言必称女儿的风光，语必道女儿的薪俸。偶然被女儿发觉，极力制止母亲，说总夸自己的女儿，突出自家好，人家会有什么感受，不要因此伤害了他人。

女儿的话在情在理。可见在叙述自我时，要防止过分突出自己，切勿使别人心理失衡，产生不快，以致影响了相互之间的关系。有位朋友，讲了这样的故事：

有两位要好的女友，甲靓，乙平平。她们一起去参加舞会，舞场上的许多男士频频与甲共舞，却在不知不觉中冷落了乙。甲下意识地感觉不妥，于是托辞身体不适，奉劝朋友们邀请乙，男士们尊重了奉告，乙被男士们卷入了舞池，内心的快乐是不言而喻的。

甲以友情为重，不想女友被忽视，于是机智地采取一种平衡手段，使乙的心灵得到抚慰，这必定会使她们的友谊更加深一层。英格丽·褒曼在获得了两届奥斯卡最佳女主角奖后，又因在《东方快车谋杀案》中的精湛演技获得最佳女配角奖。然而，在她领奖时，她一再称赞与她角逐最佳女配角奖的弗沦汀娜·克蒂斯，认为真正获奖的应该是这位落选者，并由衷地说："原谅我，弗沦汀娜，我事先不知道能获奖，我今天到这儿只是陪我的男友来看这场盛事的。"

褒曼作为获奖者，没有喋喋不休地叙述自己的成就与辉煌，而是对自己的对手推崇备至，极力维护了对手落选的面子。无论谁是这位

对手，都会十分感激褒曼，会认定她是倾心的朋友。一个人能在获得荣誉的时刻，如此善待竞争的对手，如此与伙伴贴心，实在是一种文明典雅的风度。

以上故事告诉我们，与朋友相处，你的一言一行都要为对方的感受着想，学会安抚对方的心灵，不要使对方产生相形见绌的感觉。与此同时，自己的心灵也会因安然自慰，而有一个极好的心情。

经常可以看见一些人大谈自己的得意之事，这是不好的。对方不仅不会认为你是"了不起"的，你甚至会被对方认为是不成熟的、卖弄过去好时光的人等等，所以，尽可能不要提自己的得意之事。然而，每个人都想被评价得高一点。明知不可谈得意之事，但却情不自禁地大谈特谈，这是人性中比较麻烦的一面。所以，完全不谈得意之事当然不可能，但同样是谈得意之事，不妨注意一下谈的方式。至少在别人未谈得意之事之前，自己也不要谈。也就是说，单方面大谈得意之事不雅，所以先让对方发表演讲之后，那种坏印象也就淡薄了。所以聪明的人就先煽动对方"您的见闻广博"，促使对方发表得意之事，然后若无其事地说："我也知道这样的事"。如此这般，穿插自己的得意之事。

第六章 君子之交淡若水，小人之交甘若醴
——庄子原来这样说君子之交

朋友之间贵在真诚

【原典】

形莫若缘，情莫若率。

【古句新解】

对人对事，态度要随和，情感要率真，要做到坦诚相知，真诚以待。

自我品评

有首歌这样唱道"千里难寻是朋友，朋友多了路好走"。但朋友二字的真正含义是什么，众说纷纭。有人说朋友是条路；有人说朋友是盏指路灯；还有人说朋友就是财富……其实朋友是一种奉献，朋友贵在真诚。

朋友的相互信任以诚信为基础，当两人之间加入欺骗的隔膜后，朋友将会相互疏远，友谊也会随之破裂。欺骗对友谊的伤害是难以估量的。

人类区别于动物，因为人类会思维，正是人类的思维使他们变得复杂，从而从动物中独立了出来。人类往往认为自己比别的动物聪明，这种想法只存在于人类，正是这种聪明，使人类之间的斗争也比其他

动物激烈，它使人类成为一种凶残的高级动物。同样，人类的聪明也使人类之间产生猜疑，致使人类之间的相互信任逐渐减少。以诚相待，让彼此的心透明，成为我们共同的呼声。

人与人之间一定会产生隔膜，社会的复杂性远远超越了人类本身，置身于社会，人类无法改变自己，但我们要用一颗真诚的心去对待周围的亲人和朋友。朋友之所以成为朋友，就是因为彼此能相互信任，以诚相待才是成为朋友的必要条件。

朋友间的真诚，就是交友要诚心诚意，对待朋友要诚实、要信任、要友善、要有爱心。生活中一件小小的事，或一句简短但伤人极深的话语，都有可能让昔日的好朋友变成匆匆而过的陌生人。因此，我们不能因谋求私利而做一些伤害朋友、欺骗朋友的事，而是要信任朋友、帮助朋友。有时，一句体贴入微的话，朋友会从内心感激你；一句温馨的祝福，会让人高兴得几天睡不着觉；一个发自内心的微笑，一个信任的眼神，对方会从内心喜欢你。真正的朋友，朋友开心，你会感到无比的高兴，朋友若伤心流泪，你的心也会难受。当朋友有难时，何不伸出手来扶一把，不要总是把报酬放在第一位。这样，你的真诚就会慢慢地融入到别人的心底。

朋友贵在真诚。爱因斯坦曾说过："人生最宝贵的莫过于有几个头脑和心地都很正直的真正的朋友。"当一个人遇到困难、挫折、不幸和苦恼时，最渴望朋友的关心和帮助，哪怕只是一句问候的话，他的心里也会得到极大的安慰。可见一个好朋友对一个人一生的影响是很大的。假如你有几位真心真意的朋友，那你将会终生受益。人们常说"近朱者赤、近墨者黑"。我们交朋友也应该本着真心、诚心、与人为善。有些人交朋友，只想交城市的，不想交农村的；只想交女性的，不想交男性的或者相反。其实朋友是不论城乡和男女的，如果一味地追求这些，也就失去了交朋友的意义，也是交友目的不纯的一种表现。

良友识于患难时。当你遇到困难和不幸时，真正的朋友不是献上多少甜言蜜语，也不是装腔作势的怜悯，而是重在行动，应该是当你

第六章 君子之交淡若水，小人之交甘若醴
——庄子原来这样说君子之交

事业有成、工作一帆风顺的时候，他会向你表示祝贺并分享你的快乐；当你遇到挫折、困难、忧愁和悲伤的时候，他会分担你的忧愁和痛苦，送去一句问候的话语，献上一份真诚的爱心，那时候，你会真正感觉到"有友同行，不亦乐乎"。

人类发展到今天，已是社会发展的巨大进步。社会的复杂性终究会导致人类的复杂性，因此人类彼此之间的斗争是难免的。可无论怎样我们都要用一颗真挚的心来对待人，用诚心去感化人、鼓舞人，只有这样，我们的社会才会更加美好。

第七章 道行之而成，物谓之而然
——庄子原来这样说突破困境

懂得生活就会知道生活的艰辛，不是有了梦想就可以成功，只有付出行动，勤于积累，才能实现。只有积水深的地方，才能浮起大船。人若想成功，也需要付出很多的努力，成功需要勇气，也需要不断地积累，不积跬步，无以至千里。

第七章 道行之而成，物谓之而然
——庄子原来这样说突破困境

名声来自踏实做事

【原典】
名，实之宾也。

【古句新解】
"名"是"实"所派生出来的次要的东西。一般来说，一个人的名声和他实际作出的贡献是相等的。

自我品评

庄子认为死生与天地共存，它们之间是有联系的。人的名声也不是自己跑来的，而是在你的实际行动中得来的。

"名声"不会随便追随谁，它会挑三拣四，觉得你忠实可靠，名有所值，才会甘愿追随于你。所以做事情不能图虚名，不能摆花架子，而要以追求实效为第一，这样才是真正的做事精神。

有些人获得了名誉之后，就不再增进自己的才能，也不再作出自己的贡献，这种名誉就和实际渐渐地不相符合了，也就成了虚名。

虚名会使人放弃努力，沉溺在他已经取得的名誉上，不思进取，最后将一事无成。中国古代有一个神童，小时候能过目不忘，吟诗做赋，被人称赞，成为一时的名人，可是成名之后，沉醉在虚名之下，不再刻苦努力地学习。渐渐地长大成人之后，就和一般人一样了，他的那些天赋、才能也都离他而去了，一生无所作为。这就是虚名可以毁掉人生的例子。

图虚名者是不能获得大胜的，因为虚名误事，不少有权有势之人就是因为好大喜功而落得身败名裂。敢于直言的魏征不图虚名，力求为百姓办实事、出实效，从大家的利益出发，因而得到大家的支持和理解。

隋朝立国之初，文帝制定的法律是比较宽平的。到炀帝时则使用严刑峻法强化统治，结果弄得"民不堪命"，四处起来造反。唐高祖在位时制定的法律，基本恢复了隋初的宽平。唐太宗特别注意吸取隋亡的教训，下令对法律再加修订，有些条文进一步改重为轻，原来规定判处绞刑的某些罪，改为流放服劳役；判处斩首的罪人，要由宰相和六部尚书讨论决定，须经过5次复奏才可执行，以免出现错杀冤狱。

"死者不可再生，用法务在宽简。"这是太宗规定的立法和执法原则。太宗本人虽英武过人，但也是凡人，也有激动生气之时，因此，他便要求他的臣子多多提醒他。

贞观初年，濮州（今山东鄄城北）刺史庞相寿因为贪污被人告发，受到追赃和解职处分。他因自己是秦王府旧人，就向太宗求情，希望能得到宽大处理。太宗派人传话说："你是朕的旧部下，贪污大概是因为穷迫，朕送你100匹绢，你继续当刺史，今后自己可要检点才好。"这显然是越法而徇私情。魏征知道此事后，立即进谏批评道："庞相寿贪污违法，不加追究，还要加以厚赏，留任原职，就因为他是陛下的旧人。而他也并不以自己贪污为罪过。陛下为秦王时旧人众多，如果他们都学这个样子贪赃枉法，就会使廉洁的官员感到害怕，影响吏治的清明。"太宗看过奏章，便改正对庞相寿的宽纵处理。

曾在隋朝任官的郑仁基有个女儿，容貌美丽又富有才学，长孙皇后奏请把她聘为充华，太宗同意后，下了册封的诏书。魏征知道郑家小姐已经许配了夫家，就进谏劝阻道："陛下身居楼阁之中，就应希

第七章 道行之而成，物谓之而然
——庄子原来这样说突破困境

望天下百姓有安身之屋；陛下吃着精美食物，就应希望百姓也饱食不饥；陛下看看左右妃嫔，就应希望天下男女及时婚配。现在，郑家女儿已经和人订婚，陛下却要将她纳入宫中，就难道合乎为人父母的心意吗？"太宗一听，立即表示自责，决定停止册封。但有人提出，郑家小姐并未出嫁，而且诏书已下，不宜中止。和郑家姑娘订婚的陆爽也上表说：他和郑家并无婚约。

太宗再次征求魏征的意见。魏征如实指出："这是陆爽心里害怕陛下，才违心上表的。"于是，太宗重又下了一道敕令："今闻郑家之女，先已受礼聘，前出文书之日，未详审事实。此乃朕的不是。"果断地收回册封诏命。

所谓伴君如伴虎，名相魏征若只是徒慕虚名，大可不必冒着生命危险去给李世民上谏。他只须为表面的太平盛世歌功颂德，锦上添花即可。但魏征却以一贯的实在作风，遇事从不从自己利益出发来考虑，而是更多地办实事、出实效，为江山社稷着想，为百姓谋利。百代之后，青史仍留魏相之名，不能不令我们深思！

名誉毕竟是人的身外之物，虽然很重要，但是，人的生命更重要，为了追求身外之物的名誉，而影响、损害，甚至送掉性命，就是舍本逐末。

名声需要建立在实物的基础上，不是随便可以强加的。追求自己的人生目标，就不要被眼前的花环、桂冠挡住了前进的道路，你应该毫不犹豫地拨开这一切身外之物，走自己的路，干自己的事，用自己的成果获得更多的荣誉。

凡事要看到积极的一面

【原典】

物固有所然，物固有所可。无物不然，无物不可。

【古句新解】

一切事物本来都有它是的地方，一切事物本来都有它可的地方。没有什么东西不是，没有什么东西不可。

自我品评

凡事总有两面性，做人应看到事物积极的一面，不可一味沉溺于消极中，使自己找不到脱离苦海的途径。只盯着将要燃尽的烛薪者，是悲观主义；从星星之火可以窥出燎原之势者，是乐观主义。

人生最重要的不只是运用你所拥有的，任何人都会这样做。真正重要的是如何从不可避免的损失中获利。这才能充分显示一个人的智慧。

芝加哥大学的罗伯特·哈金思校长，曾这样教导人们如何面对人生的挫折，他说："如果你手中只有一个酸柠檬，那就做杯柠檬汁吧！"

这是一名伟大教育家的做法，然而生活中，大多数人的做法却正好相反。如果人们发现命运送给他的只是一个酸酸的柠檬，他会开始

第七章 道行之而成，物谓之而然
——庄子原来这样说突破困境

自暴自弃，并说："我完了！我的命怎么这么不好！上帝也太不公平了。"于是他开始玩世不恭，并且陷于无尽的自怜之中。要是一个聪明人得到了一个柠檬，他会说："我可以从这次不幸中学到什么？如何才能改善我目前的处境？怎样把这个柠檬做成一杯甜甜的柠檬汁呢？"

一生致力于研究人类内在潜能的伟大心理学家阿德莱，曾经宣称他发现了人类最不可思议的一种巨大的潜能。他肯定地说："人具有一种反败为胜的力量。"

有这样一个例子，一位叫塞尔玛的女子陪伴丈夫驻扎在加州沙漠的军营基地。塞尔玛的丈夫奉命出外参加演习时，她就只好一个人呆在陆军的小铁皮房子里。外面的天气实在太热了，树荫下的温度也高达华氏125度。更可怕的是，没有一个人可以和她聊天，只有满天的风沙，所有吃的、用的东西都沾满了沙尘，就连呼吸都让人觉得困难！

塞尔玛难过到了极点，觉得自己非常可怜，于是她写信给她的父母，说她一分钟也不能再忍受下去了，她宁愿去坐牢也不愿待在这个鬼地方。她父亲的回信只有一句话，但这句话却永远留在她心中，并改变了她的一生：两个人从牢里的铁窗望出去，一个人看到的是满地的泥泞，另一个人却看到满天的繁星。

她不断地看这封信，待她终于明白了什么，不禁非常惭愧。她决定找出自己目前不利处境中的有利之处，她要找寻自己的满天的繁星。

塞尔玛从此开始热心地与当地居民交朋友，而他们的反应也令她十分感动。她对当地居民的编织与陶艺表现出浓厚的兴趣时，这些居民就把自己最喜欢的甚至都不愿卖给游客的纺织品陶器送给她。她开始研究令人着迷的仙人掌及当地各种沙漠植物。

她试着学习土拨鼠的知识，或观看沙漠的日落，找寻几百万年前的贝壳化石，原来这片沙漠在300万年前曾是浩瀚的海洋。

那么，你不禁要问，究竟是什么使塞尔玛的内心发生了这些惊人的改变呢？你可以看出沙漠并没有发生改变，改变的只是她自己。因为她的态度改变了，正是这种改变使她有了一段精彩的人生经历。她所发现的新天地令她觉得既刺激又兴奋，使她把原先认为恶劣的环境变成了一次有意义的冒险。后来她着手写一本书——一本小说——她如何逃出自筑的牢狱，找到了美丽的星辰。

这就是积极心态的力量。乐观的人生态度，总能使人把不幸化为一种机会。哈里·爱默生·佛斯狄克曾语重心长地说："真正的快乐不一定是愉悦的，它多半是一种思想上的胜利。"没错，快乐源自一种成就感、一种自我超越的胜利、一种将酸柠檬榨成柠檬汁的经历。

有一位住在佛罗里达州的快乐农场主，他曾创造了一个商业上的奇迹。在他当初买下那块农场时，那里土地贫瘠，各种果树都不适合种植，甚至连养猪也不适宜。除了一些矮灌木与响尾蛇，什么都难以生存，他几乎看不出这块土地还有什么用途。因此一开始，他的心情十分低落。后来他想到个好主意，他决定再投资，开发利用这些响尾蛇资源。于是他不顾大家的反对，他开始把响尾蛇肉加工成罐头。而且，旅游资源也成了他的又一生财之道，平均每年有2万名游客到他的响尾蛇农庄来参观。游客在这里亲眼目睹毒液被抽出后送往实验室制作血清，蛇皮被他高价售给制鞋工厂生产女鞋与皮包，蛇肉罐头则运往世界各地。连当地邮戳都盖着"佛罗里达州响尾蛇村"，可见当地人都以这位把酸柠檬做成甜柠檬汁的农场主为荣。

还有一位因事故而丧失双腿的人，他也能变不利为有利。这个出事故时才24岁的年轻人，从此便被宣判以后的人生要在轮椅上度过！他说他当时十分愤怒，怨恨命运对自己如此无情的捉弄。但是后来，他明白发怒或生气对自己毫无益处，只能使自己变得更卑微无能。"我终于醒悟，"他说，"别人都友善礼貌地对待我，我至少也应该友善地对待别人。"

那么他后来是否仍觉得那次事故是他人生的不幸呢？他说："不！我简直庆幸它的发生。"他说，经过了那个震惊与愤恨的时期，他开始学习在一个全新的世界中生活。他开始阅读大量文学作品并在尝试文学创作。14年来，他说他至少读了1400本书籍，这些书拓展了他的视

第七章 道行之而成，物谓之而然
——庄子原来这样说突破困境

野，他的人生比以前所能想象的丰富得多。

他开始喜欢欣赏音乐，现在令他激动的交响乐以前只会让他昏昏欲睡。然而，最重大的改变，还是他学会了真正的思考。"我一生中第一次真正用心看世界，并体会其价值。我终于领悟到以前努力追求的很多事，大部分一点价值也没有。"

通过阅读，他开始对政治学感兴趣，并研究行政问题，他常常坐在轮椅上发表演说！他开始了解人们，而人们也开始认识他。后来坐在轮椅上的他，还当上了佐治亚州政府的秘书长。

生活中不少人都有一个很大的缺憾，就是没有机会接受高等教育。他们自己也认为没进大学是一种缺陷。然而许多成功人士也都没上过大学，并没有他们自己想象的那么严重。

下面是一个失学者，经过自己的奋斗，终于成功的故事。他有一个非常贫困的童年。父亲死后，家里更加拮据。他的母亲在一家制伞工厂上班，每天工作十多个小时，往往到晚上很晚才能结束。在这种环境下长大的他充满了压抑与不安，然而有一次他参加了教会组织的文艺表演，觉得表演非常过瘾，于是就开始训练提高自己表演与演说的能力。后来他因自己出色的演讲才能进入了政界。30岁时，他当选为纽约州议员。说实话对接受这样的重大角色，他自己坦言他其实还没有在各方面准备妥当。事实上他还搞不清楚州议员究竟应该做些什么，于是他开始研读冗长的法案，可这些法案对他来说，简直就跟天书一样。接着他被选为森林委员会委员，但是他并不了解森林，所以他非常害怕被识破。

后来他又被选入银行委员会，可是他连银行账户都搞不懂，因此他十分茫然。他说，如果不是耻于向母亲承认自己的挫折感，他可能早就辞职不干了。巨大的压力下，他决定一天研读16个小时，把自己无知的酸柠檬，作成知识的甜柠檬汁。结果，他由一位地方政治人物跻身为全国性的政治人物，连《纽约时报》都尊称他是"纽约市最受欢迎的市民"。

这个传奇性的人物就是艾尔·史密斯。在他深入自学 10 年后，他几乎成为纽约州政府的活字典。他曾连任四届纽约州长，这在当时是前无古人的纪录。1928 年，他当选为民主党总统候选人。包括哥伦比亚大学及哈佛大学在内的六所著名大学，都争着给这位曾年少失学的人颁授荣誉学位。

艾尔说，如果不是他一天勤读 16 小时，和他那种不甘失败、渴望胜利的力量在支撑着他，所有这些事根本就不会发生。哲学家尼采对超人的定义是"不仅忍人所不能忍，而且乐于进行这种挑战"。事实上，成功人士之所以成功，大部分是因为某些方面的不足激发了他们的潜能。

威廉·詹姆斯曾说："我们最大的弱点，也许会给我们提供一种超乎想象的生命动力。"是的，弥尔顿正是因为失明，才能写出那么精彩的诗篇。而海伦·凯勒的创作事业则完全是受到了耳聋目盲的激发。贝多芬则可能因为耳聋才得以完成生命的赞美诗《命运》。要是柴可夫斯基的婚姻不是那么不幸，逼得他几乎要寻短见，他可能难以创作出不朽的《悲怆交响曲》。托尔斯泰与陀斯妥耶夫斯基都是因为本身命运悲惨，才能写出流传千古的感人作品。

在巴黎的一次音乐会上，世界著名小提琴家欧利·布尔正在演奏，忽然小提琴的 A 弦断了，他从容自若地以剩余的三条弦演奏完全曲。佛斯狄克说："这就是人生，断了一条弦，你还能以剩余的三条弦继续演奏。"

进化论创始人达尔文，这位使人类科学研究得到改变的科学家说："如果我不是这么无能，我就不可能完成所有这些我辛勤努力完成的工作。"很显然，他坦承他的许多弱点对他有意想不到的助力。

达尔文在英国诞生的同一天，在美国肯德基州的一间小木屋里也诞生了一位婴儿。他就是亚伯拉罕·林肯。假如林肯生长在一个富有的家庭，得到哈佛大学的法律学位，又有美满的婚姻，他可能永远不能在盖茨堡讲出那么深刻动人、不朽的词句。更别提他连任总统就职时

第七章 道行之而成，物谓之而然
——庄子原来这样说突破困境

的演说——这篇演说集中体现了一位统治者最高贵优美的情操，他说："不要对任何人怀有恶意，常怀慈悲于世人……"斯堪第纳维亚地区流行一句俗语：冰冷的北极风造就了爱斯基摩人。

我们无法相信人们仅仅因为没有任何困难而觉得舒适，觉得快乐。恰恰相反，一个自怜的人即使舒服地靠在沙发上，也不会停止自怜。反倒是无视环境优劣的人常能快乐，他们极富个人的责任，从不逃避。

假使我们真的心灰意冷到看不出有任何转机的希望，有两个理由我们起码应该一试，这两个理由保证我们试了只有更好，不会更坏。

理由一：如果努力我们可能成功。

理由二：即使未能成功，这种努力的本身已迫使我们向前看，而不是一味地悔恨，它会驱除消极的想法，代之以积极的态度。它激发创造力，促使我们忙碌，也就没有时间与心情去为那些已成过去的往事忧伤了。

做自己时间的主人

【原典】

无迁令,无劝成,过度益也。

【古句新解】

不要随意改变已经下达的命令,不要勉强他人去做力不从心的事,说话过头一定是多余的,坚持既定的目标,向前走就可以了。

自我品评

光阴似箭,短短人生能够经历多少个春夏秋冬?其实,这一切的一切只在于你弹指的瞬间,当你使自己的生活变得丰富而有意义,才会无愧于心。

著名生物学家赫胥黎曾经说过:"时间最不偏私,给任何人都是一天24小时。时间也最偏私,给任何人都不是24小时。"究竟怎样利用这24小时呢?不同的人会有不同的选择。大凡有成就的科学家和伟人,都不会虚度年华,他们珍惜生命的每一分钟。鲁迅善于在繁忙中挤时间,一年到头,即使在除夕时,也和平时一样辛勤地工作。他一生虽短暂,可是却给我们留下了640万字的宝贵文化遗产。这是多么惊人的数字啊!由此可见,珍惜时间是何等重要啊!所以,我们要做

第七章 道行之而成，物谓之而然
——庄子原来这样说突破困境

时间的主人，也只有这样才能更好地利用时间、掌控时间。

医生说："时间是生命。"

当每位病人踏进医院的那一刻，他们才急匆匆地将生命汇兑成了时间；当我们年逾花甲，才知道这时的分分秒秒是如此美好；当后悔降临到你我身上，才会发现时间如同生命般重要。美国著名科学家富兰克林曾说过："你热爱生命吗？那么你就别浪费时间，因为时间是组成生命的材料。"诚然，一个人生命的价值在于他为社会创造的价值，但这种创造的价值却是随时间的延续来实现的。满腹经纶的学者说："时间就是知识。"

"少壮不努力，老大徒伤悲"便验证了那句话。历数古今中外一切大有建树者，无一不惜时如金，法国作家巴尔扎克把时间看成是自己的财产，德国诗人歌德把时间比做资本，鲁迅先生对时间的认识更深刻，他说："时间就像海绵里的水，只要愿挤，总还是有的。"因此，我们更应抓紧每分每秒，用好每分每秒，只有善于利用零星的时间，我们才会作出大的成绩。

经济学家说："时间就是金钱，就是财富。"20世纪90年代初，中国辽宁青年参观团在日本出席一个会议，出国前团长准备了厚厚一叠发言稿，可是届时日方官员递上的会序表却写着："中方发言时间10点17分20秒至18分20秒。"发言时间仅为1分钟。这在那些"一杯茶水一支烟，一张报纸看半天"的人看来，似乎不可思议，而在日本却是极为平常的。日本从工人到学者，时间观念都非常强，他们考核岗位，工人称不称职的基本标准就是在保证质量的前提下单位时间的劳动量，时间一般精确到秒。正是由于他们这般惜时如金的作风，才使得日本在二战之后，一跃成为世界第二大经济强国。对于学生，尤其是我们新一代的中学生来说，时间是财富、是资本，我们要合理利用它而不是肆意地挥霍。时间如金钱，稍纵即逝，纵使你有万贯家财，但花钱如流水的你总有一天会将它挥霍殆尽，时间不也是如此吗？

时间好似一匹千里马，如果你不能很好地驾驭它，它便脱开缰绳飞奔而去。所以，我们时时刻刻都要勒紧缰绳，驾驭这匹千里马奋勇向前。

时间这样的有价值，人们不得不万分珍惜时间。一方面，人们尽量管理时间、争取时间；另一方面，每一时间，哪怕一点一滴都必须花掉，消耗掉，不能浪费。时间是这样一件奇怪的东西，如果你费力去争夺它来，你就得费力去将它用掉，否则你争夺时所花的力气就浪费了。现代社会培育了人与时间这样一种关系：人必须要利用时间有所作为，不能闲着。

美国管理学家彼得·杜拉克说："时间是最珍贵的资源，如果我们不去管理时间，那么其他任何东西就都没有必要加以管理了。"这话看似绝对，却十分中肯。

驾驭时间，而不要为时间所驾驭。对于大多数人，时间是主人、暴君，而不是朋友。它把我们踩在脚下，任其驱使，控制住我们的一切。我们常常处在匆忙的节奏中，希望能赶上时间。所以，我们一定要懂得如何运用时间，好好度过。假使我们能驾驭时间，不让时间驾驭我们，那么时间就是我们的朋友。的确，社会发展有远景规划和近期目标，个人生活也有时间进程中的理想和目标；日常生活中有作息时间表、课程表、日程表，时间自在地流逝，而人则在疲于奔命的生活节奏中创造了时间的权威，并使自己成为时间的奴隶。在学校里，所有人，无论是教师还是学生，全都加入由铃声、作息时间表、课程表等组成的交响曲中。这些各种各样的时间表，构成了教育体制的一个巨大的秘密：它培养学生技术时代的时间感。只有具有这种时间感，在技术时代生活才不感到别扭。因为在技术社会中，任何人都不能逃避时间。

一些管理者整天事务缠身，忙忙碌碌，甚至疲于奔命，总是抱怨时间不够用。其实，时间对人是很公平的：每个人都拥有每天的24小时，不多一分，也不少一秒，绝不会因人的地位高低、职权大小而产生差异。所以，对管理者来说，问题不在于时间本身，而在于如何驾

第七章 道行之而成，物谓之而然
——庄子原来这样说突破困境

驭时间。

时间对于任何人、任何事都是毫不留情的、是专制的。时间对每个人机会均等，然而并非每个人都能得到它。时间可以毫无顾忌地被浪费，也可以被有效地利用。因此，作为驾驭者要审时度势，善于把握和选择时机，是取得成功的主要手段。

美国麻省理工学院对3000名企业经理做了调查研究，发现凡是优秀的经理都能做到精于安排时间，使时间浪费减少到最低限度。《有效的管理者》一书的作者杜拉克说："认识你的时间是每个人只要肯做就能做到的，这是一个人走向成功的有效的自由之路。"根据有关专家和许多领导者的实践经验，驾驭时间、提高效率的方法可以概括为下列五个方面：要善于集中时间，切忌平均分配时间。要把自己有限的时间集中在处理最重要的事情上，切忌事必躬亲，样样工作都抓，要有勇气并机智地拒绝不必要的事、次要的事。一件事情来了，首先要考虑"这件事值不值得做？"绝不可遇到事就做，更不能以"反正做了事，没有偷懒"而心安理得。

第二个更有效利用时间的方法为采取"同时进行数项活动"的方式，以在同一段时间内完成更多的方案。使六只大象同时怀孕，虽然并不能使其怀孕期缩短至六分之一的时间；但无疑地，它在同样的一段时间内，必将产出六倍多的小象。因此，如果同时开始做一些并行的方案，例如市场营运、行销、工程、会计、行政和采购诸范畴同时进行，则你必将达成六倍于一个接一个地实施这些方案所能达到的改善成果。

在时间飞逝的年代，谁能够把握、利用时间，谁就最能够接近成功的终点。学会做时间的主人，会使我们终身受益。

成功需要不懈努力

【原典】

上下见厌而强见也。

【古句新解】

不管上上下下的人怎么厌烦,但仍然要顽强地进行广泛的宣传。

自我品评

庄子认为坚持自己所做的事情必须要有韧劲,不厌其烦,才可能成功。事情总会有一个圆满的结果,但需要你在前行的道路上不断努力,你我都没有权力嘲笑那些不断前进的人,因为只有不懈地前行,不轻易放弃你的终点,终点才会向你自动打开。

一天,在一棵古老的橄榄树下,乌龟听见一只长得很漂亮的雄鸽子说,狮王28世要举行婚礼,邀请所有的动物都去参加庆典。既然狮王28世邀请所有的动物都去参加庆典,那我是动物,我也应该去!乌龟心里想。

于是它上路了,在路上它碰见了蜘蛛、蜗牛、壁虎,还有一大群乌鸦。它们先是发愣,然后规劝并嘲笑说:"乌龟呀乌龟,不是我们说你,这么一个非常简单的道理你都不懂,婚礼马上就要举行,

第七章 道行之而成，物谓之而然
——庄子原来这样说突破困境

可你爬得这么慢，你能赶上吗？别说婚宴早已结束，洞房也已闹完，等你赶到，恐怕生下的小狮子也已经长大可以举行婚礼了。"但乌龟执意前行。

许多年后，乌龟终于爬到了狮王洞口。只见洞口到处张灯结彩，各类动物几乎都聚集其中。这时快活的小金丝猴告诉它说："今天，我们在这里庆祝狮王29世的婚礼。"

如果乌龟听了蜘蛛等的规劝后放弃前行的念头，又怎能赶上狮王29世的婚礼呢？

还有一例，1912年，日本选手金栗志藏在斯德哥尔摩奥运会的马拉松赛跑中，由于体力不支，中途昏倒，放弃比赛。1966年，76岁高龄的金栗志藏到瑞典旧地重游。他从当时退出比赛的地点，稳步向终点斯德哥尔摩奥林匹克运动场走去，终于完成了当年的未竟之功。至此，他的马拉松成绩为54年8个月6天8小时32分20秒。

面对向他表示祝贺的瑞典记者，金栗志藏意味深长地说："尽管我比对手落后了半个多世纪，但我最后还是抵达了终点。"

这种意志让人深受感动，或许现在你所欠缺的也是这份精神，只要你坚持不断前行，终点的门最终会为你敞开。

成功需要走好每一步

【原典】

风之积也不厚，则其负大翼也无力。

【古句新解】

风的强度不大，那么它就没有力量承负巨大的翅膀。

自我品评

庄子认为只有达到一定级别的风，才能使鹏高飞，所以成功也来自不断的积累。

你学会走路了吗？许多人会说是人就会走路，那你学会了让自己的脚步不停下来吗？有人会说，那多累呀，总得歇一歇吧，可是有些东西，就在你歇息的过程中溜走了，不信你来看。

1983年，伯森·汉姆徒手攀壁，登上纽约的帝国大厦，在创造了吉尼斯纪录的同时，也赢得了"蜘蛛人"的称号。

美国恐高症康复联席会得知这一消息，致电"蜘蛛人"汉姆，打算聘请他做康复协会的顾问。

伯森·汉姆接到聘书，打电话给联席会主席诺曼斯，要他查一查第1042号会员，这位会员很快被查了出来，他的名字叫伯森·汉姆。原来

第七章 道行之而成，物谓之而然
——庄子原来这样说突破困境

他们要聘做顾问的这位"蜘蛛人"，本身就是一位恐高症患者。

诺曼斯对此大为惊讶。一个站在一楼阳台上都心跳加快的人，竟然能徒手攀上四百多米高的大楼，他决定亲自去拜访一下伯森·汉姆。

诺曼斯来到费城郊外的伯森住所。这儿正在举行一个庆祝会，十几名记者正围着一位老太太拍照采访。

原来伯森·汉姆94岁的曾祖母听说汉姆创造了吉尼斯纪录，特意从100公里外的慕拉斯堡罗徒步赶来，她想以这一行动，为汉姆的纪录添彩。谁知这一异想天开的做法，无意间竟创造了一个耄耋老人徒步百里的世界纪录。

《纽约时报》的一位记者问她，当你打算徒步而来的时候，你是否因年龄关系而动摇过？

老太太精神矍铄，说："小伙子，打算一口气跑一百公里也许需要勇气，但是走一步路是不需要勇气的，只要你走一步，接着再走一步，然后一步再一步，一百公里也就走完了。"

恐高症康复联席会主席诺曼斯站在一旁，一下明白了伯森·汉姆登上帝国大厦的奥秘，原来他有向上攀登一步的勇气。

老太太在不经意间走出了她的世界纪录，伯森·汉姆用自己的双脚登上了纽约的帝国大厦，你在惊叹之余，是不是应像他们一样，重新启步，用自己的双脚走出属于自己的成功？

稳扎稳打才能稳操胜算

【原典】

且夫水之积也不厚，则其负大舟也无力。

【古句新解】

水的聚积不深，那么它就没有力量浮载大船。

自我品评

庄子认为大船的游走需要有够深的水，同样，人生要有筹划，没有一蹴而就的成功，不要轻视任何一次小的成功，或许你最终人生目标的实现就有它的功劳。一位清华学生这样说他自己：我在初中时也很普通，只不过在一次华罗庚金杯奖竞赛中我取得了很好的成绩，那时老师和父母及朋友都夸奖我，我觉得我不该混日子，我可以成为一名好学生，不能让别人笑话我。就这样我逐渐成为了一名好学生。仔细回想这段经历，我并没有什么地方比别人强的，不过是竞赛的考试题在画报上看过一些，因此比一般同学考的分数高些。而它却成了我的转折点，开始了我的另一种人生。

中考的成绩并不足以使我进入省重点学校，但金杯赛的成绩使我进入了省重点高中。由于担心跟不上会被开除，高一上学期我疯狂地学

第七章 道行之而成，物谓之而然
——庄子原来这样说突破困境

习，即使其他人玩的时候我也在学习。除了一些课外活动，我几乎都在学习。这段时间的付出使我的成绩迅速升到年级前几名。从此以后，我学习起来便轻松了一些。我个人认为，高一第一学期是十分重要的。这是因为在高中和初中，学习的内容和方法差异很大，并且中考后的轻松，无法使同学迅速进入学习状态，而少数人的努力则会使成绩一跃而上。而且成绩好了以后，无论是自己的要求，还是周围的目光也都不允许你有明显的退步，正像大家看到的，过了高一第一学期，成绩已经相对稳定了。我劝刚入高中的同学不要放松，让自己一入校便保持在很好的位置上。如果没有以前的基础，也许就不会有这样一个转折。

高二后，我投入到物理竞赛的准备中去。除保持高一的那种学习的刻苦精神外，只付出了更多的汗水。一分耕耘，一分收获，我在全国物理竞赛中取得了第六名的成绩，并进入国家集训队，进而保送进入清华大学计算机系。

做什么事，都是要以付出为代价的。有一个同学，她的成绩总是让人望尘莫及，我也不明白她何以有如此好的成绩。直到有一天我看到她书桌上放着3本做完的物理精编时，我才感受到什么是付出。其实，古训说得好"穷则独善其身，达则兼济天下"。当我们实力还不够，独自苦学时也正是人"穷"之时，而有朝一日学业有成便能用自己的学识和实力去证实自己，去实现理想了。辛勤地付出则是你达到目标的方法。

由此可见，没有付出，就不会有回报。这是每个人都懂得的道理。学习如此，做事亦如此。如果想要成功，你就要为成功做好准备，不停地前进，直达成功的目标。求知的心是最有生命力的，只有抱定这样一种心态，奔向成功，路上才会多出几道耀眼的风景。这位清华学生中考成绩并不十分理想，而他的金杯赛成绩助了他一臂之力。

所以说，不要看轻小的成绩，正因为有了这些小的成功，才能成就你辉煌的事业，正所谓稳扎稳打才能取得最后胜利。坚信自己只要辛勤地付出了、努力了，忙过人生的风雨，就能收获在人生之秋的季节里。

坚强的毅力助你走向成功

【原典】

一尺之捶,日取其半,万世不竭。

【古句新解】

一尺长的鞭杖,每天截取一半,永远也截不完。只有不停地切割,直到完成,才能成功。

自我品评

庄子认为成功者的愿望往往在坚强的毅力下产生。

毅力是一种心理状态,所以毅力是可以使其发展的,成功缺少不了毅力,所以毅力在成功的道路上很重要。毅力有八个重要的因素:

1. 目的之明确性

首先要明确自己是在寻求着什么?这是发展毅力的最重要阶段,有了强烈而坚固的动机,才能渡过许许多多的难关。

2. 有欲望

追求成功的欲望越强,则体会毅力、发挥毅力,较为容易。

3. 依赖自己

如果你有把握能够彻底执行你的长期发展计划,那么你就可以依靠你的毅力,照计划去顺利进行的。

第七章 道行之而成，物谓之而然
——庄子原来这样说突破困境

4. 计划的可行性

如果你的计划是组织化的，那么即使在计划上有些缺点，或者有些非现实的东西，对于培养毅力还是有很大的帮助。毅力是一种持久力，要有健壮的身体，在同样条件下，身体健壮的人一定占很大的便宜，这是童叟皆知的。

5. 正确的知识

如果你的计划周全，并以充分的经验和正确的观察为基础，则一定能够充分鼓起自己的毅力。

假如你未掌握正确的知识，而只得到瞎猜瞎搞的习惯，那么你只能破坏自己的毅力罢了。

6. 寻求合作

对人容易产生同情心，而站在别人的立场，替别人着想，并予协助，也是培养毅力的重要因素。

不过同情别人，并不是漫无限制的，这里只是说容易同情别人，肯合群、合作的性格，也是一种培养毅力的有利因素而已。所以不是见人就该同情的，因为一些人是戴着假面具的，你诚实对待他，他不一定还你以诚意，而竟还你以欺骗。

7. 集中注意力

为了完成明确目的之计划，养成一种集中自己思路的习惯性，也会逐渐养成超人的毅力。

8. 使毅力成为一种习惯

毅力可说是习惯直接的结果。如果集中精力每天去从事同一个目的、同一个性质、内容的工作计划，成为其人生的一部分，那么自然就会养成根深蒂固的习惯。在战争中，那些勇敢、积极的行动者们，一定十分了解勇气是多么重要，而培养勇敢行为之习惯更为重要。

现在最重要的是，看看你自己在培养超人毅力上，缺少了哪些条件。你必须拿出勇气来，好好检讨你自己，如果你对自己做如上的详细分析，就能够更加了解你自己，或许会有重要的新发现。如果你想成功，就必须彻底克服以下弱点：

1. 不知道自己所需要的是什么，而且不能做出明确的定义。

2. 不管有没有原因，始终都处于犹豫不决状态。

3. 对于学习专门知识，根本没有兴趣。

4. 对于一个问题，不认真去解决，即使发生了许多的问题，都优柔寡断直往后拖延，并且有很多理由、很多借口，认为自己是不得已的，实际也就是对自己敷衍。

5. 不但消极地拖延，该做的事不做，同时也不拟定一个足可解决问题的计划。

6. 自我满足。

7. 不管对任何事，往往不与困难斗争反抗而有立即妥协的不关心、不积极的态度。

8. 把自己的过错，推到别人身上，而责怪别人，到了事态严重的地步，才不得不承认自己的错误。

9. 由于欲望较弱，所以懒惰到连好的机会都不去争取和把握。

10. 往往只失败一次，索性就放弃了这个计划。

11. 因无组织化的计划，所以根本不知道自己该先走哪一条路，再走哪一条路。

12. 创造发明的机会，已经来到了面前，却视而不见，不想去捉取、把握。

13. 没有切实的计划，经常在做白日梦。

14. 没有设法发财的习惯，而只有随时妥协的坏习惯，认为富者自富，贫者自贫，一切任其发展，没有大志。

15. 有一种人，想一攫千金，想抄近路，不想付出代价，而只想弄到大钱，因此赌性强，每天晚上都坐在赌桌上。

16. 又有一种人，似乎没有什么主见，对别人在想什么、做什么，太过关心，而唯恐自己负责任，因之没有能力自己想出计划来实行，主要原因还是在于潜在意识。

第七章　道行之而成，物谓之而然
——庄子原来这样说突破困境

可以说，人生的过程，是个不断认识自己的过程，是个不断挖掘自己的过程。每一个人都是很有潜力可挖掘的，因为，每一个人都如同一口深不见底的井，而且，每个人都站在自己的井台上打水，就看如何认识自己、如何对待自己。如果，你认为自己这口井里的水很多，拼命地勤奋地打，一桶一桶的，不管风吹雨打，只要不停顿，始终能打出水，你都无法估量你的这口"井"究竟蕴藏着多大的能量。

当然，重要的是拼命是勤奋是不管风吹雨打是不停顿……而这样坚韧持久的动力，一定是来自内心的，一定是由痛苦不堪的压力转化的。所以，在经受了压力并体验了由压力变动力再由动力产生成果的这样一个完整的过程，你便学会对失败挫折打击已不那么惊慌也不那么沮丧不那么抱怨，并学会很自然地要求自己咬咬牙直直腰地再干一次再来一遍，只要有"再一次"、"再一遍"的不屈不挠，只要毫不犹豫地把手里的桶继续放入自己的井里，不怕苦不怕累地往上提水，这样，任何失败挫折打击不仅不能压垮人、枯竭人，反而会使人更加饱满并拥有更多的生命之水，有生命力的"水"是柔韧的斩不断的源源不绝的。

一个有价值的生命，一定是竭尽全力地使用自己；一个有意义的人生，一定是充分地展现出自己。所以，不让自己患得患失，认准了一条道，踏踏实实地走，一步一个脚印。不期望走得很快，更不幻想一步登天，只是不让自己止步，慢慢地走不停地走，看不出速度，可总在进步，并渐渐地靠近目标。按照这样的宗旨，你就会平稳地不息地走过一条不平坦的路。再回头一看，有时会感到惊喜，感到安慰，因为你走出了一个出乎意料的自己，这时你就会明白，人是可以创造意外创造奇迹的。因为，人是一口深不可测的井，只要尽情挖掘，你拥有的水会是一条滔滔的大河。当心底有一条大河源源不断地流淌着，会有一种透彻的坦然使人进入自由的境界，会更有信心向自己这口井的深处开掘，也许，还会流淌出大江大海。

七跌八起，意思是说：一个人无论遇到多少次的挫折，必须不屈不挠，勇敢地站起来。

人生是漫长的，社会是辽阔的。因此，难免遭遇挫折，难免陷于悲观。七跌八起这句成语，含意至深。

然而，如果认为跌倒了七次，第八次能够站起来就可以，未免是太愚蠢了。跌倒过一次而毫无领悟，那么跌倒多少次亦是如此。人之可贵，在于跌倒一次就能有所领悟。

与其忧虑失败，毋宁恐惧自己不够认真。倘若有认真的态度，即使失败了也必然有所领悟。

即使跌倒了，也不要白白地爬起来，为人必须养成这种态度。黄先生的事迹就生动地体现了这种精神。

如果他走在街上，没有任何人会对他注意，他长得太平常了。可他那粗糙的像锉刀般的双手，却创造出一件件举世无双的微型乐器。

1990年初，在北京举办的《中国首届民间工艺作品及名艺人佳品展》上，一把完全依照意大利古典制琴大师斯特拉里瓦里名琴样式，以225:1的比例制作的长仅3.9厘米的微型小提琴，打破了1988年版的《吉尼斯世界之最大全》的7.62厘米的纪录。评委会的专家们连连称赞：国宝！国宝！

其实，黄先生的最新纪录是1.98厘米，尽管1990年版的《吉尼斯世界之最大全》将这项纪录推进到2.38厘米，但它与我们的这位微琴制作师还相差0.4厘米。这件以800:1的比例精心制作的微型高级嵌线小提琴完全仿真，用色木做侧板、背板、琴头，用松木做面板，用乌木做指板，面板薄不足20丝。琴身斑纹清晰，玲珑剔透。用只有火柴棒四分之一粗细的琴弓，可以在那四根琴弦上拉出标准音阶，悦耳而动听。

这位才34岁的剧场经理，为了他的艺术世界，走过了一段漫长的道路。他出身贫寒，爹妈并没有给他先天的艺术细胞。还在念小学时，一次他琴兴大发，竟将家中一把好端端的竹椅锯掉，用铁皮代替蛇皮，制成了一把土二胡，说来也奇，竟然也能吱吱哑哑地拉出九腔十调来。中学毕业后，他有幸进入江苏省歌舞团，当了两年小提琴手。在此期

第七章 道行之而成，物谓之而然
——庄子原来这样说突破困境

间，他得以熟悉中西乐器的构造、性能，为他日后的微琴制作，打下了扎实的基础。

他真正下"海"，是1974年的事。那年有一位蓝眼睛高鼻子的法国人带来了他的乐器，在上海博物馆举办展览。黄先生从这个展览受到了启示，他没有条件制作那些真家伙，但他决心将微缩技术引入这个艺术领域。从此，他的陋室里多了一张狭长的工作台，台上放着自制的车床、钻床、台钳以及锯子、刀斧、砂皮、锉刀、胶水、油漆。别人享受青春旋律的欢乐，而他则如同一个苦行僧，熬过一个个黎明……正象他自己所叙述的那样："爱好是一种自找苦吃。我从小喜欢摆弄中西乐器，双手弄得像锉刀那样粗糙，长年累月，不知划破多少次，疼痛几多回，但若遇苦却步，则将一事无成；只有奋不顾身，知难而上，才能有所作为。"

这位毅力超人的年轻人，就是这样从苦海中闯过来了，如今他的那双锉刀般的双手，奇迹般地制作出二百多件按百分之一比例缩制的中西微型乐器，其中民族乐器50多种，西洋乐器20多种，它们有二胡、月琴、三弦、扬琴、古琴、古筝、琵琶、阮、筑、瑟、箜篌、蒙古的马头琴、新疆的冬不拉、西藏的艾捷克，西洋乐器的小提琴、中提琴、大提琴、竖琴、钢琴等等，犹如一座灿烂的乐器大观园。他的作品参加了《中国首届民间工艺作品及名艺人佳器展》、《苏州艺术节》、《南通国际艺术节》、《新加坡中国周》等中外展览。上海交响乐团东渡扶桑时，黄先生制作的一套微型西洋乐器被选中，作为礼品，馈赠日本友人，引起轰动。

小不忍则乱大谋

【原典】

生有为，死也。

【古句新解】

生前追逐外物恣意妄为，必然要走向死亡。生命是有限的，在追求人生美好事业的过程中，要有生死只在一笑间，凡事需要克制忍耐的心态。

自我品评

自古有云：小不忍则乱大谋，即为对待任何事都要懂得忍让，尤其是与自己息息相关，有关前程的事，更是能忍则忍，否则，一不留神，就会断送自己的前程，得不偿失。

工作是为了生存，在公司有很好的前程，是为了生活的富有，如果你想得到自己想得到的，不妨忍一忍，也不会丢失什么，有时，或许这种忍能成就你的事业。

在这个社会里，人人都争吃一块面包，微功微利，在所不惜。如果你肯大方利落地将你的功劳让给别人，受到礼让的人一定会因其所得的"佳肴"而感激你，对你心生好感。

第七章 道行之而成，物谓之而然
——庄子原来这样说突破困境

当上司受到这份"重礼"时，一定在内心对你感怀："这人能够这样体谅我，把功劳让给我，我应当对他有点报答才是。"

于是，你失去了这份功劳，但你以后做事就顺利多了，因为有着上司的支持和撑腰（在一个组织中，工作的完满无误完成，上司的帮助和适当的指示是起很大作用的），届时你将得到上司的祝福与更多的奖励的。

"你能忍耐克制自己不肯让功的情绪，而将功劳让给上司，你会有更多的机会立到更大的功劳。"下面有二个建议不妨作为参考：

1.忍耐接受上司的责备

对你工作上的失误，上司当然要责备你了。然而有时工作上很小的失误、甚至无误并非你所造成的，上司却对你加以责备，孰可忍孰不可忍？

这时适度的忍耐，会使你避免与上司发生冲突，事过之后，上司内心也会对你有所歉意的。

而且，对于工作上的失误，精明的上司往往是责备小的容忍大的错误。因为对于你犯的大错，不用别人去责备，你也会懊恼万分，甚至会难过好久，上司在此时给你的鼓励和信任，反会使你更忠诚于他、听从他的意旨办事。相反，对于小的失误，因为很少人会去认真对待，小的过错给你的警示不大，你很有可能被同样一块"石头"绊了脚，所以此时上司的责备，目的是想引起你对失误的注意，并不是真正不能容忍你在工作上的失误。

当然，并非每一个上司都如此精明，他往往会因部下的过错而大加责备，在烦恼的同时，切记不要产生逆反心理。不能忍耐、自我辩护，不仅无益，反而更加重了上司对你的反感。

此外，有些上司可能会采取推诿责任的办法，明明不是你的过错却责备于你，他只是考虑自己的立场，没法保全自己的面子和尊严而已，在这种情况下，即使你有充分的理由，也不要辩解，你的忍耐和"对不起"的歉意，反而会使上司不安和同情于你。能够忍声吞气，再加上你的耐心等待，局面会逐渐打开的。

2.耐心地实施你的行为达成你的目标

当你需要完成一份工作，而又屡遭挫折的时候，高度耐心的方法有时会助你一臂之力，比如推销一种产品，买主自己不需要，说不定他的朋友需要、他的亲人需要，只要你经常在他耳边敲锣鼓，知进知退，哪一天他被感动，他就买了，你的愿望也就达到了。

忍耐是一种气量，耐心是一种韧性。以忍求胜，水到渠成。